Este libro

pertenece a

Alfredo Antequera

y a

Loly de Antequera

… una pareja conforme

al corazón de Dios

Amén

Otros libros de Jim George:

Extraordinarias oraciones de la Biblia
Guía bíblica esencial
Guía de biografías bíblicas
Guía de un joven para las buenas decisiones
La influencia de un hombre de Dios
Un esposo conforme al corazón de Dios
Un hombre conforme al corazón de Dios
Un joven conforme al corazón de Dios
Un líder conforme al corazón de Dios

Otros libros de Elizabeth George:

Acaba con tus preocupaciones… ¡para siempre!
Ama a Dios con toda tu mente
Colosenses/Filemón: Descubre la gracia de Dios
Cómo criar a una hija conforme al corazón de Dios
Encuentra la senda de Dios en medio de tus problemas
Ester: Descubre cómo ser una mujer bella y fuerte
Filipenses: Experimenta la paz de Dios
Guía de una mujer para las buenas decisiones
Jardín de la gracia de Dios
Jueces/Rut: Cultiva una vida de integridad
Lecturas devocionales para una madre conforme al corazón de Dios
Lucas: Vive con pasión y propósito
María: Cultiva un corazón humilde
Momentos de gracia para el corazón de la mujer
1 Pedro: Cultiva un espíritu afable y apacible
Promesas poderosas para toda pareja
Proverbios 31: Descubre los tesoros de una mujer virtuosa
Sabiduría de Dios para la vida de la mujer
Santiago: Crece en sabiduría y fe
Sara: Camina en las promesas de Dios
Sigue a Dios con todo tu corazón
Una esposa conforme al corazón de Dios
Una madre conforme al corazón de Dios
Una mujer conforme al corazón de Jesús
Una pareja conforme al corazón de Dios

Una pareja conforme al corazón de Dios

JIM & ELIZABETH GEORGE

La misión de *Editorial Portavoz* consiste en proporcionar productos de calidad —con integridad y excelencia—, desde una perspectiva bíblica y confiable, que animen a las personas a conocer y servir a Jesucristo.

Título del original: *A Couple After God's Own Heart* © 2012 por Jim y Elizabeth George y publicado por Harvest House Publishers, Eugene, OR 97402. Traducido con permiso.

Traducción: Nohra Bernal

EDITORIAL PORTAVOZ
2450 Oak Industrial Drive NE
Grand Rapids, Michigan 49505 USA
Visítenos en: www.portavoz.com

ISBN 978-0-8254-1956-0 (rústica)
ISBN 978-0-8254-0771-0 (Kindle)
ISBN 978-0-8254-8537-4 (epub)

2 3 4 5 / 18 17 16 15

Impreso en los Estados Unidos de América
Printed in the United States of America

Una palabra de gratitud

Cada libro impreso es la evidencia de un sinnúmero de milagros. En nuestro caso, algunos de los milagros que ocurrieron mientras se escribía y editaba *Una pareja conforme al corazón de Dios* se manifestaron en forma de editores excelentes. De todo corazón queremos agradecer a Dios por Steve Miller, editor principal, y a Kathleen Kerr, editora principal asociada, por su invaluable ayuda y su dirección, al igual que su ánimo y entusiasmo a lo largo de la realización de este libro. Estos dos amigos y editores experimentados, junto con LaRae Weikert, Barb Sherrill y Betty Fletcher, nos alentaron a cada paso del camino para llevar este libro hasta sus manos. Gracias a todos y cada uno. Y gracias, Bob Hawkins, y a todo tu equipo calificado en Harvest House Publishers, por su inquebrantable apoyo para con nosotros y nuestros libros.

Con gratitud a nuestro Señor,
Jim y Elizabeth George

Contenido

Antes de empezar

Cuando le pidieron definir el juego del golf, un hombre dijo con cinismo: "Golf es una buena caminata echada a perder". Tal vez la persona que hizo esta declaración acababa de terminar un mal juego. O tal vez no se había esforzado lo suficiente, o no creía que el golf fuera tan importante como para merecer el esfuerzo de mejorar su juego.

Sea como sea, la declaración de esta persona es sin duda una apreciación negativa del deporte. Y por desdicha, hay un número creciente de personas hoy día que manifiestan esta misma actitud hacia el matrimonio. Lo triste es que el plan de Dios era que la unión entre un hombre y una mujer procurase la mayor felicidad que puede experimentar la humanidad.

Para cualquier persona que lo piense bien, es obvio que la falta recae sobre el mal golfista, no sobre el deporte en sí. De igual manera, no es la institución divina del matrimonio lo que ha fallado, sino el esposo y la esposa que son malos "golfistas", malos compañeros, cuando se trata de su relación matrimonial.

Ahora bien, volviendo a nuestro golfista, si él se comprometiera a fondo con el juego, le sería placentero esforzarse para llegar a ser el mejor golfista que pudiera ser. Así disfrutaría mucho más su juego. De igual manera, si los esposos se comprometen de todo corazón con su matrimonio, harán sacrificios y todo lo que sea necesario para mantener su relación saludable, satisfactoria y en continuo crecimiento.

Muchas personas desean un buen matrimonio, pero a veces no quieren esforzarse lo necesario para convertirse en el mejor cónyuge posible, o trabajar en los problemas de la vida a medida que surgen. ¡Es más fácil (o eso creen) conseguirse una nueva pareja! O simplemente dejarse llevar, cumpliendo apenas con lo mínimo indispensable para mantener una relación matrimonial.

Este libro está escrito para parejas que quieren trabajar en mejorar su matrimonio, parejas que desean seguir a Dios (¡juntos!) y cosechar una vida entera de bendiciones que indudablemente Él les tiene reservadas. Nosotros como pareja, Jim y Elizabeth, esperamos y oramos para que ustedes, que empiezan a incursionar en las páginas de este libro, se comprometan a construir un matrimonio duradero. Sobra decir que no hay matrimonio perfecto, pero nuestra oración es que ustedes, junto con nosotros, progresen hacia la meta de convertirse en una pareja conforme al corazón de Dios.

Ahora, un comentario final: ha sido un reto escribir este libro, ¡un reto muy grato! Es cierto que hay mucho que podemos comunicar para ayudar a su matrimonio a crecer, sanar y mejorar, cualquiera que sea la necesidad. Pero nosotros también seguimos en nuestra propia aventura matrimonial. Todavía tenemos que decir "lo siento, mi amor". Todavía nos enojamos a veces el uno con el otro. Y créannos que todavía hay ocasiones en que una total insensatez caracteriza nuestras interacciones.

Este es otro reto para ustedes: a lo largo de su lectura, ¿cuál es la voz que oirán a lo largo del libro? ¿Será la de Jim o la de Elizabeth? ¿Señalaremos quién habla con una frase como "habla Jim" o "qué tal, ahora soy yo, Elizabeth, quien escribe"? Hemos decidido escribir como una sola voz, como ejemplo de trabajo en equipo, y porque deseamos que ustedes lean este libro juntos, como pareja.

A lo largo del libro tal vez ni siquiera noten cuándo uno de nosotros termina de hablar y empieza el otro. (¿No debería funcionar así un buen matrimonio?). Claro, en algunas instancias será evidente que Jim habla a los esposos y Elizabeth se dirige a las esposas, y viceversa. Pero en general, nuestro deseo es que esto sirva como recordatorio continuo de la hermosa y exigente institución llamada matrimonio. Los dos van a disfrutar de estudiar juntos las vidas de parejas notables de la Biblia. También sacarán provecho de las lecciones en la Palabra de Dios que pueden ayudarles a crecer hacia una relación más rica, de mayor intimidad en su amor mutuo. Y más bendición vendrá cuando experimenten la cercanía al realizar el estudio devocional en la segunda mitad del libro, el cual ha sido especialmente diseñado para ustedes como pareja conforme al corazón de Dios.

Antes de empezar el capítulo 1, nos gustaría que meditaran en un par de ideas edificantes:

> —En 1788, Edward Gibbon, el historiador y escritor inglés, terminó el sexto y último volumen de la obra clásica *Historia de la decadencia y caída del imperio romano.* En ella presentó varias razones fundamentales del colapso del imperio romano, y una de ellas fue la degradación de la dignidad y santidad del hogar y del matrimonio, que incluyó el problema del rápido aumento de la tasa de divorcio. Esta se aplica de modo impresionante a nuestra sociedad actual.
>
> —En el año 30, Jesús, el Hijo de Dios y Dios encarnado, dijo: "[Dios] los hizo al principio, varón y hembra los hizo, y dijo: Por esto el hombre dejará padre y madre, y se unirá a su mujer, y los dos serán una sola carne? Así que no son ya más dos, sino una sola carne; por tanto, lo que Dios juntó, no lo separe el hombre" (Mt. 19:4-6).

Gibbons tiene razón, porque cuando los matrimonios se acaban, lo que se afecta es mucho más que solo la pareja. Sufre la familia inmediata, y otros más. Las repercusiones se sienten en la iglesia, en la comunidad, e incluso en la sociedad como un todo.

Por eso ustedes como esposo y esposa deben considerar seriamente el mandato de Jesús en Mateo 19:4-6. El designio de Dios para el matrimonio ha sido siempre un hombre y una mujer, juntos, para el resto de sus vidas. Este es el propósito de Dios, por una buena razón: una relación matrimonial fuerte e íntima es una fuente perpetua de gozo y de bendición para la pareja y para todos los que la rodean.

Con esto en mente, estudiemos los ejemplos de vida de matrimonios notables de la Biblia, ¡y descubramos qué se necesita para ser una pareja conforme al corazón de Dios!

PRIMERA PARTE

Juntos para seguir a Dios

1

Adán y Eva

La pareja original conforme al corazón de Dios

Por tanto, dejará el hombre a su padre y a su madre,
y se unirá a su mujer,
y serán una sola carne.
GÉNESIS 2:24

Era otro día perfecto en el paraíso, y Adán estaba ocupado en un extremo del huerto. Adán hablaba en voz alta, pero obviamente esto no importaba porque ninguna otra persona existía en todo el planeta excepto Eva. *Y, a propósito* —pensó para sí—, *me pregunto dónde estará Eva. Usualmente está cerca, pero no la veo. Mmm.*

Entre tanto, afuera en un radiante campo de flores multicolor, la esposa de Adán, la bellísima Eva, se abría camino sin prisa hacia el centro del huerto. En su recorrido, embelesada con la belleza del huerto y la variedad de sus criaturas, en ocasiones se sentía abrumada por el deleite de lo que le rodeaba. No podía evitar detenerse a cada paso para admirar, recoger y oler las diferentes flores, cada una con su aroma y sus cualidades particulares.

Consciente de que Adán estaba ocupado en otro lugar, Eva se sorprendió bastante al oír la agradable voz de una de las criaturas que estaba entorchada en el árbol "especial" del huerto. Impulsada por la curiosidad, caminó lentamente hacia la voz, atraída por el hecho de que este animal pudiera hablar. Fascinada por la voz de la criatura, Eva no pudo evitar escuchar.

La hermosa criatura dijo a la mujer: "¿Conque Dios os ha dicho: No comáis de todo árbol del huerto?".

Eva respondió a la criatura diciendo: "Del fruto de los árboles del huerto podemos comer; pero del fruto del árbol que está en medio del huerto dijo Dios: No comeréis de él, ni le tocaréis, para que no muráis".

Entonces la criatura cuestionó esas restricciones y los motivos de Dios para ello: "No moriréis; sino que sabe Dios que el día que comáis de él, serán abiertos vuestros ojos, y seréis como Dios, sabiendo el bien y el mal" (Gn. 3:1-5).

Cuando Eva oyó eso, de repente las limitaciones de Dios le parecieron un poco excesivas y carentes de sentido. Además, el fruto se veía realmente delicioso. Tal vez ella había malentendido las restricciones. Y puesto que la criatura afirmaba con tanta seguridad que el fruto solo le haría bien, Eva movió sus hombros y concluyó: "¿por qué no?". Y comió.

Hechos de las Escrituras

¿Alguna vez han imaginado cómo pudo haber sido la vida en la perfección del huerto de Edén? Nosotros sí, y nuestro recuento de las experiencias de Adán y Eva en el huerto puede ser resultado en parte de nuestra imaginación. Aunque sabemos que no es posible describir la perfección, no podemos evitar tratar de imaginarlo. Sin embargo, la sutileza de la criatura (llamada aquí "la serpiente") y la inocencia de Eva pudieron haberse presentado de manera similar.

El resultado de este drama y de sus resultados desastrosos quedaron relatados para siempre en forma detallada y permanente en la Biblia, y han marcado nuestra vida presente y nuestros matrimonios. Considerando la importancia de este encuentro que alteró el curso de la historia de la humanidad, echemos un vistazo de cerca a algunos detalles de la Biblia y veamos cómo sucedió todo en la vida de la primera pareja que existió en el mundo.

El mandato (Génesis 2:16-17)

Antes de que Dios creara a Eva, Adán estaba solo en el huerto de Edén. Fue entonces cuando Dios le dio a Adán un mandato, una prohibición específica: "Y mandó Jehová Dios al hombre, diciendo: De todo árbol del huerto podrás comer; mas del árbol de la ciencia del bien y del mal no comerás; porque el día que de él comieres, ciertamente morirás" (Gn. 2:16-17).

¿Podría ser más claro? Dios estableció de manera muy explícita la ley para vivir en el huerto. Sí podían comer todo lo que quisieran y tanto como quisieran. No podían comer de un solo árbol, el árbol del conocimiento del bien y del mal. Dios reveló incluso a Adán la consecuencia de desobedecer este mandato: la muerte.

Dios, siempre generoso y lleno de gracia, concedió a Adán libertad ilimitada para comer de todos los árboles, excepto uno. ¡Era como un banquete tipo bufé ilimitado! Con todo lo que había disponible, seguramente no habría problema, ¿no es así?

¡Error! Sigamos leyendo…

La creación (Génesis 2:18-22)

Dios era consciente de la soledad de Adán, y también sabía la solución perfecta:

> No es bueno que el hombre esté solo; le haré ayuda idónea para él… mas para Adán no se halló ayuda idónea para él. Entonces Jehová Dios hizo caer sueño profundo sobre Adán, y mientras éste dormía, tomó una de sus costillas, y cerró la carne en su lugar. Y de la costilla que Jehová Dios tomó del hombre, hizo una mujer, y la trajo al hombre (Gn. 2:18-22).

Observemos la línea de tiempo. Adán recibió sus instrucciones de Dios (recibió su *mandato* directamente de Dios) cuando no tenía esposa. Luego, cierto tiempo después, Eva fue creada. Ella fue creada del cuerpo de Adán, de una de sus costillas. Y fue creada con un propósito: ayudar a Adán. Estaba llamada a ser su compañera íntima, su amiga, su admiradora y ayuda número uno (¡poco importaba que no hubiera alguien más para ayudarle!).

En ningún lugar la Biblia señala que Dios haya repetido a Eva su instrucción que prohibía comer del árbol del conocimiento del bien y del mal. Sea lo que fuere que Eva supiera o necesitara saber, debemos suponer que provino de su esposo Adán, que era el guardián de esta información.

La criatura (Génesis 3:1)

"Pero la serpiente era astuta, más que todos los animales del campo que Jehová Dios había hecho" (Gn. 3:1).

¿De dónde salió esta? Cuando Dios terminó su creación de todas las cosas, declaró que toda su obra era "buena". Entonces ¿qué pasó? La respuesta que dan la mayoría de los eruditos es que debemos suponer que una fuerza maligna habló a través de esta criatura.

La confrontación (Génesis 3:1)

En el idílico ambiente libre de pecado del huerto de Edén, Eva no tenía experiencia alguna con el mal o la malicia, con mentirosos o engañadores. Con todo, ella se encontró cara a cara con una bestia hablante, la serpiente, que dijo: "¿Conque Dios os ha dicho: No comáis de todo árbol del huerto?".

A veces la tentación viene disfrazada, y de forma inesperada. Satanás empezó su ataque de calumnia taimada y solapada, y de mentiras contra Dios, hablando a través de la serpiente. Fue evidente que Eva no se asustó por la serpiente, porque al parecer fue atraída por una presencia conocida. Dios había creado vida y orden. Pero Satanás trajo muerte y caos.

La conspiración (Génesis 3:4-5)

A lo largo de la Biblia el pueblo de Dios recibe advertencias acerca de falsos maestros y profetas. Y aquí, ¡siendo apenas el tercer capítulo de la Biblia! somos testigos de la primera tergiversación, sesgo y manipulación de la Palabra de Dios: "No moriréis; sino que sabe Dios que el día que comáis de él, serán abiertos vuestros ojos, y seréis como Dios, sabiendo el bien y el mal".

La estrategia de Satanás fue sagaz, y tan mortífera como un rifle de asalto. Cuestionó la Palabra de Dios ("¿Conque Dios dijo...?), su bondad y sus motivos ("Dios sabe que el día que comáis serán abiertos vuestros ojos, y seréis como Dios"). Como un hábil orador, para su gran final Satanás contradijo de manera sucinta y abierta la advertencia de Dios acerca de que morirían como consecuencia de comer el fruto. Satanás exclamó en cambio: "No moriréis".

La confusión (Génesis 3:2-3)

Hay un libro acerca del matrimonio que se ha convertido en un clásico y que se titula *Comunicación: la clave para su matrimonio.*[1] Sí, la comunicación *es* clave, y nunca hemos visto tanta evidencia de esta verdad y de los resultados de la mala comunicación, como en esta confusión en las palabras de Eva cuando se enfrenta a la serpiente. Cuando oímos a Eva decir a la serpiente "del fruto de los árboles del huerto podemos comer; pero del fruto del árbol que está en medio del huerto dijo Dios: No comeréis de él, ni le tocaréis, para que no muráis", gritamos: "¡no lo hagas!", y sacudimos la cabeza.

¿Qué dijo? ¿De dónde salió esa afirmación? Seguramente Adán y Eva habían pasado con frecuencia junto a ese árbol "especial", tal vez a diario. Seguramente tuvieron muchas oportunidades para hablar acerca del árbol y de su significado, acerca de la advertencia de Dios respecto a su fruto. Sin duda habían discutido y recordado la prohibición que Adán (no Eva) había recibido de Dios acerca del árbol del conocimiento del bien y del mal. La instrucción no tenía más de dos palabras: "no comerás". (¡Por favor, hasta un niño puede entender eso!).

O bien Adán hizo un pésimo trabajo al comunicar esta increíblemente simple advertencia a Eva, o ella eligió olvidar o hacer caso omiso a una parte del mandato de Dios. En efecto, ella creó lo que obviamente consideró una versión mejorada al añadir: "ni le tocaréis, para que no muráis". Eso no estaba en el mandato original de Dios. Sea lo que fuere que haya pasado, o quienquiera que fuese el responsable, Eva desestimó el privilegio que tenían de comer libremente en el huerto, al añadir la prohibición acerca de tocar el fruto, y atenuó el castigo del mandato original de Dios de "ciertamente morirás" diciendo en cambio "para que no muráis".

Es evidente que, en lo que respecta a resistir a Satanás, Eva era inexperta y carecía de la preparación para esquivar sus ataques.

Las consecuencias (Génesis 3:1-19)

Eva fue engañada por la serpiente y desobedeció a Dios al comer del fruto. Ese fue el primer paso en su caída de pecado, seguido del paso número 2: Eva ofreció el fruto a Adán, quien comió siendo plenamente consciente de que su acción era mala (1 Ti. 2:14).

No sabemos si Eva ignoraba que estuviera equivocada y presentó el fruto a Adán porque a los pecadores les gusta tener compañía. O tal vez, en vista de que no murió instantáneamente después de comer el fruto y de que el fruto era tan delicioso, quiso compartirlo con su amado esposo. Cualquiera que fuese la razón, lo dio a su esposo, y él comió. ¿Experimentaron gratificación inmediata? No. En lugar de eso, tuvieron al instante conciencia de pecado cuando los ojos de ambos fueron abiertos (Gn. 3:6-7).

Y su caída continuó. Paso número 3: Adán y Eva trataron de encubrir su pecado y su vergüenza vistiéndose para ocultarse de la presencia de Dios (vv. 7-8). Entonces, en una sesión de pregunta y respuesta cara a cara con Dios, se deslizaron fácilmente al paso número 4: Adán culpó a Eva y a Dios por su mal ("la mujer que me diste por compañera me dio del árbol, y yo comí"), en tanto que Eva culpó a la criatura ("la serpiente me engañó", vv. 12-13).

El alcance de su caída

Piensen en los efectos colaterales del pecado para terminar este trágico relato. Tremenda historia de terror, y pensar que todavía afecta a todo el mundo, ¡y a las parejas de hoy!

- La vergüenza que sintieron los dos pecadores cuando se dieron cuenta de su desnudez y buscaron cubrirse haciendo ropa (v. 7).
- La separación de la comunión cercana con Dios (v. 8).
- Conflicto, pues cada uno culpó a otro por lo sucedido (vv. 12-13).
- Sacrilegio al culpar Adán a Dios (v. 12).
- Sacrificio, cuando Dios derramó la sangre de un animal inocente, la primera sangre derramada y el primer animal que murió en el mundo perfecto y sin pecado que Él había creado, con el fin de proveer túnicas para vestir a los dos pecadores (v. 21).
- Sufrimiento, cuando fueron expulsados del huerto y dejados en un mundo ahora imperfecto, lleno de pecado, que incluía en última instancia la muerte física en el futuro (vv. 16-19).

Síntesis

Hay mucho en las vidas y en el matrimonio de Adán y Eva en lo que tú y tu cónyuge jamás se verán reflejados. Ninguna otra pareja fue creada por Dios del polvo y a partir de hueso. Y ninguna otra pareja tuvo la oportunidad de vivir en un mundo perfecto. Y ninguna otra pareja ha caminado y hablado con Dios en sentido literal.

Sin embargo, todas las parejas pueden con toda seguridad identificarse con el fracaso de Adán y Eva: el fracaso frente al otro y frente a Dios. Podemos recordar malas decisiones que hemos tomado y que tuvieron consecuencias duraderas en nuestro matrimonio, en nuestros hijos, en nuestras finanzas, en nuestra salud y en nuestro trabajo. Podemos señalar algo que hicimos o que no hicimos y que cambió el curso de nuestra vida para siempre.

Con esta perspectiva en mente, examinen algunas de las lecciones de vida que pueden extraer de "la pareja original conforme al corazón de Dios".

• Lecciones de Eva para esposas •

1. *Recuerda tu propósito.* Ya sé, ya sé. Tienes ya una larga lista de responsabilidades y trabajos que Dios te ha asignado. Sin embargo, Dios revela un papel clave en Génesis 2:18: "No es bueno que el hombre esté solo; le haré ayuda idónea para él". El papel número uno, y el propósito para el cual fue creada, es complementar, completar y llenar la vida de Adán, y ser una ayuda para él; en una palabra, ser "esposa". Me gusta mucho la traducción que dice: "Voy a hacerle alguien que lo acompañe y lo ayude" (TLA).

Un año después de volverme cristiana, me senté y escribí algunas metas para mi vida. Empecé con mi pluma en mano y pensé: "*Bueno, ¿quién soy yo?*". ¿Qué había cambiado desde que había aceptado a Cristo? La respuesta fue sencilla y profunda a la vez, y al final se convirtió en la declaración de misión de mi vida: "Soy una mujer cristiana, una esposa y una madre".

Con esa declaración supe el objetivo de mi vida. Al enfrentarme a cada día no tengo que preguntarme cuál es mi propósito. Es glorificar a Dios como una mujer que conoce a Cristo, amar a mi esposo y amar a mis hijos (Tit. 2:4-5).

Tu esposo es el número uno. Él es la persona más importante en tu vida, ¡inmediatamente después de Dios mismo! ¿Qué tal una nota autoadhesiva en tu corazón? "Hoy soy la ayuda de mi esposo". Y nunca está de más poner esas notas en otros lugares, como en tu Biblia, en la cubierta de tu diario de oración, en la cocina y en el tablero de tu auto, a fin de que recuerdes tu propósito cuando viajas de regreso a casa de tu trabajo, la escuela, la iglesia o los recados.

2. *Pregunta siempre.* Indudablemente puedes ver a partir de Eva, la madre de todas las metidas de pata, con cuánta rapidez se puede caer en el error cuando como esposas fallamos en consultar a nuestros esposos. Así que, en caso de duda, consulta. Incluso si no hay duda, sigue siendo buena idea presentar tus asuntos a tu hombre.

La Biblia enseña que la cabeza de todo hombre es Cristo, y que la cabeza de la mujer es el hombre (1 Co. 11:3). Un esposo es responsable de su esposa. Pregúntale pues a tu esposo cuando no estés segura de algo. No sé cuántas veces he gritado a mí misma: "¡Elizabeth, no seas una Eva! Averigua qué piensa Jim". He aprendido (como Eva, a las malas) a preguntar primero y actuar después. Por supuesto, nuestra meta como pareja es tener la misma mente. Y confieso que todo sale muy bien cuando le pregunto a Jim: "Cariño, ¿qué piensas que debo hacer?", y él me da una respuesta que me agrada. Pero también he aprendido a escuchar sus respuestas y sus razones, y a respetar sus ideas aun cuando no me agradan o no estoy de acuerdo con sus respuestas.

Sea lo que sea que afrontes o desees saber (cómo disciplinar a los hijos, apartar o no cierta cantidad de dinero para algo, volver a estudiar, conseguir trabajo, afiliarte a una iglesia), pregunta. Tu meta es ser compañeros a lo largo de la vida, y como compañeros, desearán avanzar al mismo paso, como una fuerza unificada. Como declara el proverbio: "Mejores son dos que uno; porque tienen mejor paga de su trabajo. Porque si cayeren, el uno levantará a su compañero" (Ec. 4:9-10).

3. *Conoce a tu enemigo, y cómo contraatacar.* La tentación es una realidad de todos los días. Entonces prepárate para enfrentarla. No te dejes tomar por sorpresa. Prepárate para el ataque y la batalla. ¿Cómo? Empieza tu día con la Palabra de Dios. Deja que sus verdades te den un fundamento, centren tus pensamientos, te afiancen, te capaciten, pulan tu perspectiva, y te ayuden a tener la cabeza bien puesta sobre los hombros para pensar y responder conforme a la Palabra de Dios. Si Eva hubiera tenido el mandamiento de

Dios firmemente anclado en su mente y en su corazón, si lo hubiera memorizado y repetido cada día, imagínate cuán diferente habría resultado su encuentro con el enemigo.

Cuando miras un partido de tenis, notarás que los jugadores siempre están casi de puntillas, balanceando su peso entre un pie y el otro, cambiando su raqueta de un lado a otro, de una mano a otra, siempre moviéndose y alerta, con los ojos fijos hacia el frente, esperando el lanzamiento de la pelota en su campo. Pues bien, eso tienes que hacer tú. La tentación va a lanzar su ataque contra ti hoy... y cada día. Es tan predecible como el amanecer. Lleva contigo esa imagen cuando entras cada día en su terreno desconocido, sus desafíos y sus tentaciones.

Y hay algo más con lo que puedes contar: "vuestro adversario el diablo, como león rugiente, anda alrededor buscando a quien devorar" (1 P. 5:8). Y ¿cómo peleas con un enemigo tan poderoso? "Sed sobrios, y velad... resistid firmes en la fe" (vv. 8-9).

Ah, y en el proceso, ¡no tientes a tu esposo! No seas una Eva. Dos males no hacen un bien. Eva comió, y eso estuvo mal. Y pedirle a Adán que comiera también estuvo mal. Repito y digo: no tientes a tu esposo.

4. *Perdona a tu esposo.* No hay duda de que Adán y Eva tenían una tarea seria de perdonar. Ambos habían fallado, y se habían fallado el uno al otro. Peor que eso, habían fallado a Dios. Y se habían culpado mutuamente, y a Dios, por sus faltas. Pero gracias a Dios que cuando Él cubrió sus pecados y faltas, nos dejó el ejemplo de perdonar a otros.

Cuando tu esposo falla, cuando *realmente* falla, tienes que perdonarle. No se puede "seguir adelante" sin perdonar a tu pareja. El Nuevo Testamento nos dice que debemos perdonarnos los unos a los otros, así como Dios te perdonó en Cristo (Ef. 4:32). Como cristiana has experimentado el perdón de Dios por tus pecados. Por tanto, tú puedes, y debes, extender el perdón a otros, empezando por tu matrimonio.

Tú y tu esposo pueden hablar acerca de sus problemas después, hacer planes acerca de cómo evitar o manejar situaciones similares en el futuro, y asumir la responsabilidad de la contribución de cada uno que condujo al fracaso. Pero el primer paso para seguir adelante en tu matrimonio es perdonarse mutuamente. ¿Y si él no te perdona? No importa. Aun así Dios espera que le perdones.

Entonces, sin tardar, dile a tu esposo "lo siento". Toma la determinación de no culpar a tu cónyuge. Confiesa tu parte y tu fallo a Dios, y pídele perdón. Y está dispuesta igualmente a aceptar el perdón de Dios, levantarte y seguir adelante.

5. *Sigue adelante.* Por terrible y devastador que haya sido el fracaso de Adán y Eva, como un 10 en la escala de Richter, mi parte favorita es que ellos siguieron adelante. En realidad no había otra opción. Dios los expulsó de su hogar en el huerto de Edén; pero todavía se tenían el uno al otro. Me gusta imaginar cómo esta desolada pero perdonada pareja reconoce que el camino de regreso al huerto quedaba cerrado para siempre, y luego cómo Adán toma a Eva de la mano, ambos se miran a los ojos, y luego miran hacia adelante con valentía y dan su primer paso hacia lo desconocido, juntos.

Tanto Jim como yo crecimos en Oklahoma. En Ponca City está la estatua de la Mujer Pionera, un tributo a las mujeres que valerosamente empacaron todas sus posesiones terrenales y, a caballo o en carretas, dejaron sus casas y se fueron hacia el oeste junto con sus hombres. Avanzaron sin tregua hacia el oeste, donde levantaron nuevas casas en las tierras que sus esposos ganaron. Este monumento fue creado en homenaje a la valentía y el espíritu que poseían estas mujeres del lejano oeste para soportar las arduas condiciones y forjar una nueva vida.

Cuando pienso en esas circunstancias y en la fortaleza que necesitaron los pioneros para dejar el terreno conocido y lanzarse a lo desconocido, pienso en Adán y Eva. Este par de valientes salió de un paraíso perfecto y libre de pecado... a un mundo lleno de adversidad. Dios maldijo la tierra y le dijo a Adán: "con dolor comerás de ella todos los días de tu vida... con el sudor de tu rostro comerás el pan hasta que vuelvas a la tierra" (Gn. 3:17, 19). Y a Eva, Dios dijo: "con dolor darás a luz los hijos" (v. 16). Esta pareja sufrió las consecuencias de su pecado, pero siguieron adelante. Avanzaron juntos.

Lo mismo deben hacer tú y tu esposo. Ambos van a fallar a Dios y van a fallarse el uno al otro, eso es seguro. Pero Dios ha provisto todo lo que necesitas como esposa para seguir adelante dondequiera que Dios, y tu esposo, te guíen. Dios extiende su perdón. Su gracia es suficiente. Sus misericordias son nuevas cada mañana. Y Él está contigo, siempre. Esto significa que puedes seguir adelante.

• Lecciones de Adán para esposos •

1. *Recuerda tu propósito.* (¡Esto es igual para ti y para tu esposa!). Dios le dio a Adán dominio (Gn. 1:27-28). Como el "primogénito" de las criaturas humanas, Adán era responsable de todo. Dios no solo confió a Adán el cuidado y la supervisión de los animales, sino también de su esposa Eva. Adán fue designado líder. Y eso significa que tú, al igual que Adán, eres el líder espiritual en tu matrimonio.

El liderazgo espiritual ha sido el mandato para el esposo desde la creación misma. Dios dio a Adán instrucciones personales y específicas acerca de qué hacer y qué no hacer en el huerto. El trabajo de Adán consistía en transmitir esa información a Eva y asegurarse de que como pareja siguieran las instrucciones de Dios al pie de la letra. En algún punto, esta información no le fue bien comunicada a Eva o de algún modo ella la entendió mal. Sea lo que fuere que haya pasado, en última instancia era responsabilidad de Adán, como cabeza espiritual del matrimonio, garantizar que su esposa lo comprendiera.

Dios ha designado al esposo como el líder espiritual del matrimonio y la familia. Él debe guiar a su esposa y a sus hijos en la lectura de la Biblia y el estudio de la Palabra de Dios. Pero de algún modo en nuestra sociedad moderna, muchos esposos han renunciado a este papel y ya no guían a sus familias espiritualmente. ¿Cuál es una manera sencilla de cambiar esto? Toma la iniciativa y asegúrate de que tu familia asista con regularidad a una iglesia que enseña la Biblia. También puedes animar a tu esposa a participar en un estudio bíblico. No necesitas un diploma de teología para liderar; lo único que necesitas es recordar tu propósito: ¡guía a tu familia en los caminos del Señor! Y si no eres ese hombre en este momento, pide a alguien que te aconseje y te ayude a vivir a la altura de tu llamado, de tu propósito.

2. *Trata de estar siempre disponible.* Adán estaba presente, pero ausente. Claro, tenía trabajo por hacer, pero o no vio lo que sucedía entre Eva y la serpiente, o los vio hablando y prefirió no involucrarse. Los hombres somos por lo general criaturas nómadas. Nos encanta escalar, salir a buscar aventuras, viajar, y no tenemos problema en mudarnos de un lugar a otro. Las mujeres, por el contrario, tienden a preferir echar raíces y la rutina. Les gusta que todo esté en su sitio, limpio y ordenado con tan pocos altibajos como sea posible. Adán, como nuestro prototipo, estaba ocupado, mientras Eva estaba sola explorando el huerto.

¿Cómo puedes estar disponible para tu esposa si ambos trabajan en lugares separados parte del día o durante largos períodos de tiempo? Algo esencial que puedes hacer como líder es desarrollar algunas reglas de base para estar con ella. Tal vez llamarla un par de veces al día para ver cómo está. Esa es una forma en que Elizabeth y yo nos mantenemos en contacto durante nuestros días atareados. En más de una ocasión, la oportuna llamada telefónica nos ayudó a aclarar un problema, resolver una inquietud, discutir cómo proceder en un proyecto o responsabilidad, o cómo manejar un proyecto o un compromiso, o un "asunto de niños". O mejor aún, nos dio otra oportunidad para decirnos "te amo". Es algo pequeño, pero ponernos en contacto es algo que realmente ayuda. Como dice una compañía telefónica: "llama y habla con alguien", y ese alguien puede ser tu esposa.

3. *Sé protector.* Volvemos a lo que significa ser un líder. Algunas veces como hombres usamos nuestro papel de líder por excelencia para "delegar" funciones a nuestras esposas.

De hecho, *arrojar* puede ser un término más apropiado. Después de todo, en general, la mayoría de las esposas suelen ser extraordinarias cumpliendo múltiples tareas a la vez. ¡Fíjate nada más cómo maneja la casa, los niños, sus trabajos y responsabilidades, sus ministerios en la iglesia, tus padres y los de ella! Concluimos entonces: ¿por qué no pedirle que lleve el auto al taller? Ah, y también es buena en matemáticas. ¿Por qué no encargarle las finanzas de la familia para asegurarse de que las cuentas se paguen a tiempo?

La lista de tareas que los esposos podemos delegar podría seguir, y por desdicha a veces así es. Nuestras esposas son tan capaces que dichosos las dejamos llevar cargas que nosotros podríamos llevar. (Por supuesto, si tu esposa es buena en matemáticas y le gusta hacer presupuestos, puedes dejarla hacer esto mientras tú te encargas de algo más en la casa). Encara los hechos: tu esposa ya tiene bastante sobre sus hombros, con sus papeles como esposa, madre, administradora del hogar y quizá trabajadora también fuera de casa. Tu trabajo consiste en protegerla para que ella pueda seguir desempeñando sus papeles primordiales con éxito. Ella no es tu asistente. Es tu esposa.

4. *Anímala.* El pecado trajo maldición y juicio en el mundo, y en la vida de Adán y Eva. ¿Puedes imaginar cómo debió de sentirse Eva tras la caída a cero después de tener una vida al cien por ciento hermosa y perfecta? Ella no tuvo malas intenciones. Tampoco se propuso deliberadamente desobedecer a Dios. No, fue engañada y cayó en la tentación que trajo terribles consecuencias, ¡las peores! Su hogar fue destruido. Su relación con Dios se alteró, por no hablar de su relación con su esposo. Ella tuvo que sentirse más baja que una panza de serpiente.

Y todo lo anterior es cierto, aunque de ninguna manera esto

exime de culpa a Adán. Hay un proverbio italiano que dice: "Cuando una esposa peca, el esposo nunca es inocente". Con todo, esto no significa que las cosas fueran más fáciles para Eva. Ahí es donde Adán vino al rescate, y donde tú como esposo puedes ayudar a tu esposa.

Después de que Adán dejase de culpar a su esposa, leemos que él y Eva siguieron adelante. "Y llamó Adán el nombre de su mujer, Eva, por cuanto ella era madre de todos los vivientes" (Gn. 3:20). El nombre *Eva* significa "vida" o "productora de vida". Esta es una declaración positiva, especialmente después de haber recibido la sentencia de muerte de Dios: ¡Eva, la madre de todos los vivientes! El nombre que Adán dio a su esposa no es un nombre que la marcara, perjudicara, o sirviera de recordatorio perpetuo de fracaso. No. Fue una declaración que la exaltaba en una posición de honra y respeto. Le dio un futuro y una esperanza.

Muchos libros reportan que un gran número de mujeres sufre de baja autoestima y les falta confianza y sentido de dignidad. Con frecuencia viajo con Elizabeth a sus conferencias para mujeres, y ella y yo terminamos con frecuencia aconsejando a algunas de las participantes. Creo que como Elizabeth y yo hemos aprendido a trabajar juntos como un equipo, las mujeres ven eso y anhelan verlo en sus matrimonios. Con lágrimas en sus ojos describen la actitud de sus esposos como egoísta y dicen que les falta ternura. Con dolor dicen cosas como: "Solo desearía que mi esposo susurrara 'te amo' de vez en cuando. Siempre se queja cuando las cosas no salen bien. ¿Por qué no puede manifestar algo de aprecio cuando las cosas salen bien, que es la mayor parte del tiempo?".

He aquí un buen comienzo. En este mismo momento, deja de leer y dile a tu esposa "te amo". Si no están juntos en este momento, llámala, envíale un correo electrónico o un mensaje de texto. Luego prodígale todo el afecto cuando la veas y dile que la aprecias. Tú sabes que así es. Entonces dile que ella es lo mejor que te ha pasado en la vida, ¡porque es verdad!

Construyan un matrimonio duradero

Hay tres elementos básicos que se necesitan para construir una estructura que permanece: un cimiento, un plan de acción y unas herramientas.

En Adán y Eva es evidente el cimiento: amor. El amor por Dios y el amor de Dios, al igual que el amor entre los dos, permitió a esta valiente pareja enfrentarse a un futuro sombrío lleno de obstáculos.

También poseían el plan de acción divino para el matrimonio. Dios había establecido los papeles fundamentales para el esposo y la esposa: a Adán le correspondía liderar, y a Eva ayudar, complementar, completarlo a él.

Y como la primera pareja que dejó la seguridad y la perfección del huerto de Edén, salieron con las herramientas necesarias para construir un matrimonio duradero: perdón y esperanza. Llevaron en sus corazones la promesa de Dios dada en Génesis 3:15: que la "simiente" de Eva, Jesucristo, un día aplastaría, destruiría y derrotaría a Satanás.

A medida que trabajan en construir su matrimonio, y que como pareja afrontan sus pruebas, recuerden estas palabras: "Cada nuevo día es otro capítulo en el cumplimiento de la promesa de liberación y de vida".[2]

Niveles para evaluar su comunicación

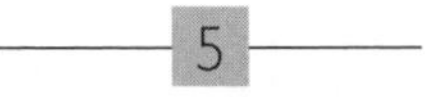

Nivel 5. Hablar de trivialidades. Esta es una zona segura, superficial y apenas un calentamiento para una verdadera conversación: "¿Cómo está el clima afuera?"; "¿Cómo estás?"; "Bien, gracias, ¿y tú?"; "Bien". "Oye, ¿puedes pasarme el periódico?".

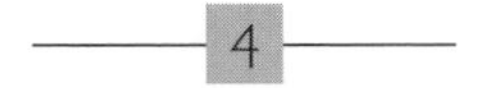

Nivel 4. Reportar hechos acerca de otros. Este nivel es un poco más interesante, pero todavía tiene reservas en términos de exponerse. "He notado que Juan y María compraron un auto nuevo". "¿Cómo te fue hoy en el trabajo?".

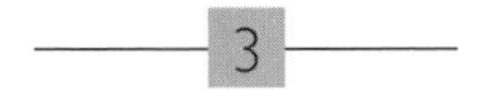

Nivel 3. Intercambiar ideas e impresiones. Aquí es donde empieza la verdadera comunicación. Ya no es terreno seguro, sino que se está dispuesto a tomar riesgos o a revelar pensamientos y opiniones personales, los cuales pueden ser aceptados, criticados o rechazados. "Creo que deberíamos hacer ese cambio. ¿Qué piensas de esto…?".

Nivel 2. Revelar sentimientos y emociones. En este nivel dan a conocer no solo sus pensamientos sino también su corazón. Manifiestan desde el corazón lo que es más importante para ustedes al comunicar sus convicciones con sinceridad, y aquello que los mueve. "Te amo". O "mi fe es real para mí porque…".

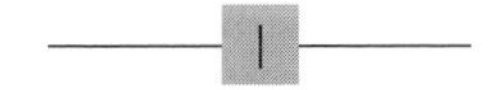

Nivel 1. Ser completamente transparentes, abiertos y vulnerables. Este es el nivel más avanzado y maduro de comunicación, donde los integrantes de la pareja se convierten en los mejores amigos al intercambiar sus más profundas alegrías, temores y luchas. "Si pudiera escoger qué hacer en la vida, me gustaría…". "Tengo este pecado en mi vida…". "Mi mayor lucha o temor es cuando…". "Mi mayor sueño es…".[3]

2

Abraham y Sara

Compañeros en la fe

Tomó, pues, Abram a Sarai su mujer...
y todos sus bienes que habían ganado
y las personas que habían adquirido en Harán,
y salieron.
GÉNESIS 12:5

"El hogar es donde está tu corazón". Tu corazón es la sede de tus emociones y sentimientos. Por tanto, si tu corazón se siente cómodo y en casa en Dry Gulch, Arizona, va a ser difícil abandonar ese lugar, a pesar de cómo otros lo consideren. Es un hogar, ¡al menos para ti y para miles de serpientes cascabel!

Hagamos un pequeño viaje de vuelta al año 2100 a.C., a un lugar llamado Ur, a casi 300 kilómetros al sureste de la ciudad actual de Bagdad. En este tiempo, Ur era una ciudad rica y sofisticada, y es allí donde vivía la pareja protagonista de este capítulo: Abraham, quien pronto se convertirá en patriarca, y Sara, cuyo nombre significa "princesa".

A Sara le encantaba el dinamismo de Ur. Ubicada en la ribera del gran río Éufrates, la ciudad de Ur era el escenario de una afluencia constante de barcos y barcazas que traían bienes de lugares lejanos.

Al ser miembro de una familia próspera, Sara podía permitirse comprar mucha mercancía exótica que llegaba a Ur. Y por supuesto, le encantaba estar cerca de su familia. Ur había sido el hogar de su familia por muchas generaciones.

Sí, ¡era una buena vida! Pero cuando Abraham llegó a casa esa noche, todo estaba a punto de cambiar.

—¿Has pensado alguna vez en salir de Ur? —espetó Abraham, quedándose sin aliento, como si hubiera corrido un largo trecho, y como si no existiera una mejor manera de tratar el tema. Sara lo miró desde su telar, y sin siquiera una pausa respondió con un amable "No" (en vez de gritar "¡de ninguna manera!" aunque estuvo tentada a hacerlo).

Abraham siguió.

—No vas a creer lo que pasó en los campos esta mañana.

—Bien, Ab, no juguemos a las preguntas curiosas —sonrió Sara y bromeó, esperando que la conversación avanzara—. ¿Qué pasó?

—Hablé con Dios. No con los dioses de madera a los que hemos adorado, sino el verdadero Dios. ¡El *único* Dios verdadero! Hoy se me apareció, y me dijo que dejara a mis familiares y fuera a un lugar que Él me mostraría. ¡Estaba ansioso por contarte!

Esto sin duda llamó la atención de Sara.

—A ver, veamos si entendí bien. ¿Algún tipo de dios del que nunca he oído antes te está pidiendo empacar todo y salir de Ur? ¿Eso fue lo que dijiste?

—¡Sí! Eso es exactamente lo que dije —asintió Abraham.

Después de una larga pausa, Sara tartamudeó: —¿Estás loco? Nadie, y quiero decir *nadie,* se va de Ur, especialmente para ir a un lugar misterioso, ¡a no sé dónde! ¡Esta es la idea más descabellada que jamás he oído!

Esto iba a ser una prueba increíble para el matrimonio de Abraham y Sara. ¡Tendrían que echar mano a todas sus habilidades comunicativas del año 2100 a.C. para llegar a algún acuerdo! Pero sí sabemos cómo termina la historia. Abraham y Sara, y al menos parte de su familia, empacaron y salieron de Ur para ir hacia Dios.

Y al final, en virtud de su fe en el Señor, Sara y Abraham llegaron al destino de Dios: el centro de su voluntad para ellos.

Empacar y salir

Esto suena como una historia descabellada, ¿no es así? ¡Tal vez encabece la lista de "las peores pesadillas de una mujer"! Pero las parejas a lo largo de la historia han tomado decisiones de igual magnitud sin saber lo que les esperaba.

Elizabeth y yo también hemos tomado decisiones trascendentales. Durante muchos años fuimos una pareja en yugo desigual, porque yo era cristiano y Elizabeth no. Un jueves, después de ocho años de matrimonio, Elizabeth acudió al Señor. Para el lunes siguiente yo ya había enviado una solicitud de admisión a un seminario local para capacitarme para el ministerio. Sin duda, fue un fin de semana que le dio un giro a nuestra vida.

Así cuenta Elizabeth la historia: "Ahí estaba yo, con menos de una semana en el Señor. Apenas había comprado mi primera Biblia el domingo, ¿y ahora iba a ser esposa de un pastor? Lo único que puedo decir es que me alegra no haber sabido en ese tiempo que, para ir al seminario, Jim tendría que dejar su excelente trabajo, y que tendríamos que vender nuestra hermosa casa, al igual que la mayoría de nuestras preciadas posesiones, para financiar su capacitación. ¡Eso es ser una Sara moderna!".

Pero aún hay más... ¡siempre hay más en Cristo! Después de que yo (Jim) hubiera estado en el ministerio durante varios años, fui a un viaje ministerial a Asia con nuestro pastor de misiones. Mientras viajábamos y ministrábamos en varias partes de Asia, los dos trazamos un gran plan para hacer misiones y entrenamiento en liderazgo en ese lugar del mundo.

Después de tres largas e intensas semanas de viaje y ministerio, por fin viajé de regreso a casa. Cuando aterricé en Hawái para cambiar de avión, llamé a Elizabeth. Como no había tenido acceso telefónico mientras estuve en Corea, Filipinas, Singapur e India, esa fue mi primera oportunidad para llamar a casa.

Hubiera podido decir: "Hola, querida, ¿cómo estás? ¿Cómo están las niñas? ¡Las extraño y estoy ansioso por verlas!".

Pero lo que en realidad dije fue: "Oye, ¿qué te parece mudarte a Singapur?".

La respuesta de Elizabeth fue igual a cuando le propuse otras ideas descabelladas. "¡Claro!". Luego preguntó: "¿Dónde está Singapur?".

Ahí se desencadenó un remolino de actividades: empacamos, dejamos nuestro hogar y buscamos una nueva vida de fe y ministerio en Singapur (que, a propósito, Elizabeth ya sabe ubicar en el mar del sur de China, a 136 kilómetros al norte del Ecuador, más o menos entre la India y Australia).

Hechos de las Escrituras

Te presento a Abraham y a Sara (Gn. 11:29-30). Cuando encontramos a esta pareja, no vemos gran pompa ni una presentación extensa. A diferencia de los milagros y los sucesos dramáticos que precedieron la creación de Adán y Eva, leemos simplemente una breve historia y genealogía de Abraham y de Sara (que se llamaban Abram y Sarai antes de que Dios cambiara sus nombres)… ¡y allá vamos!

> Taré vivió setenta años, y engendró a Abram, a Nacor y a Harán… y Harán engendró a Lot. Y murió Harán antes que su padre Taré en la tierra de su nacimiento, en Ur de los caldeos. Y tomaron Abram y Nacor para sí mujeres; el nombre de la mujer de Abram era Sarai… Mas Sarai era estéril, y no tenía hijo (vv. 26-30).

Aunque nuestra presentación introductoria de esta pareja es breve, la historia de Abraham y Sara y su notable fe abarca 13 capítulos en Génesis, la mayor cantidad de páginas dedicadas a una pareja en la Biblia.

El mandato de Dios (Génesis 12:1)

Dios le dio a Abraham un mandato inicial: "Vete de tu tierra y de tu parentela, y de la casa de tu padre, a la tierra que te mostraré".

Sin presión, ¿no es cierto?

Abraham era de Ur de los caldeos, una de las ciudades más avanzadas de su época, situada majestuosamente junto a las fértiles riberas del río Éufrates. Ur estaba situada en lo que se llamó la media luna fértil, una región así catalogada por los dos ríos que la atraviesan: el Éufrates y el Tigris. Estos dos ríos atraían el comercio y producían abundantes cosechas gracias a que se desbordaban naturalmente y a sistemas de irrigación creados por el hombre. De este centro urbano opulento, que en ese tiempo tal vez hubiera sido clasificado como "uno de los lugares más codiciados para vivir", Abraham y su clan salieron para ir a la tierra de Canaán.

¡Ese fue un cambio radical de finca raíz! Canaán no podría haber sido más antagónica a la metrópolis de Ur. El árido desierto donde Abraham extendería sus tiendas sería más bien escaso para pastorear sus numerosas manadas de ovejas y cabras.

De todos modos, Abraham hizo tal como el Señor le mandó. Dios le había mandado salir: dejar su país, su familia y la casa de su padre. Dios estaba cerrando la puerta a los lazos del pasado de Abraham y a sus relaciones, y lo llamaba a encaminar su vida en una dirección completamente nueva. No le prometió que sería fácil. Solo dijo *vete*.

Una promesa para el futuro (Génesis 12:2-3)

Con la puerta cerrada por completo al pasado, y con el futuro incierto, Dios hizo a Abraham una promesa alentadora y le infundió seguridad:

> Y haré de ti una nación grande, y te bendeciré, y engrandeceré tu nombre, y serás bendición. Bendeciré a los que te bendijeren, y a los que te maldijeren

maldeciré; y serán benditas en ti todas las familias de la tierra.

Dios ordenó... y Abraham respondió. Con un corazón de fe, un corazón dispuesto a obedecer y una promesa a la cual aferrarse, Abram salió (v. 4) y se lanzó a su futuro desconocido.

Aquí va la pareja de Abraham y Sara, marchando conforme al corazón de Dios. ¡Imagina las desgarradoras despedidas! Mudarse nunca es fácil ni está exento de emociones complicadas. ¿Cómo respondió entonces Sara a los deseos de Abraham? A partir del silencio de las Escrituras y de lo que Pedro escribió de ella más adelante, Sara fue íntegra en su confianza en Dios y en Abraham, llamando incluso a su esposo "señor" (1 P. 3:6).

Una pareja en crisis (Génesis 11:30)

El primer dato que tenemos de Sara es una descripción de su condición física: "Sarai era estéril, y no tenía hijo". En la cultura actual, esta condición es difícil y a menudo fuente de sufrimiento personal. Sin embargo, la mayoría de las parejas en este tipo de dilema pueden ajustar sus metas y expectativas en el estilo de vida, y avanzar sin demasiado estigma. Y puesto que muchas parejas hoy día deciden no tener hijos, un hogar sin niños no es tan inusual.

Pero no era así en 2100 a.C. ¡La esterilidad era algo realmente serio! Tanto, que era motivo suficiente para que al esposo se le permitiera divorciarse de su esposa. No sabemos cuánto tiempo llevaban casados Abraham y Sara cuando empezaron su viaje a Canaán, pero sí sabemos que Abraham tenía 75 años cuando Dios le mandó salir de Ur (Gn. 12:4). De modo que Abraham y Sara probablemente habían estado casados varias décadas. Su esterilidad no era un asunto reciente. Ellos habían vivido a diario con esta "maldición cultural" por mucho tiempo.

Y lo que hacía aún más dolorosa y confusa su condición era el hecho de que Dios había prometido a Abraham que se convertiría en una gran nación. Para convertirse en una gran nación tenía que tener hijos, ¿no es así? Con el paso de los años, y las décadas, ¡Abraham y Sara sin duda llegaron a ser una pareja en crisis!

La bella y la bestia (Génesis 12:10-20)

Abraham y Sara habían acatado el mandato de Dios de salir de Ur, y como pareja y compañeros de fe se habían movido audazmente conforme al corazón de Dios. De repente, *¡bam!* Apenas habían llegado a su destino cuando se enfrentaron a una hambruna. Debió de ser traumático, después de haber vivido por tanto tiempo en el valle del río Éufrates. ¿Hambruna? ¡En su patria ni sabían qué era eso!

¿Qué iban a hacer? El siguiente paso lógico hubiera sido ir a un lugar donde encontrar comida. Entonces, sin consultar siquiera a Dios, se dirigieron a Egipto. Si Abraham se hubiera tomado el tiempo de consultar a Dios, y hubiera esperado a que el Señor le hablara, habría recibido la certeza de que estaba en la voluntad de Dios y que no necesitaba hacer planes alternativos.

Pero no hay registro que haga constar que Abraham, "el amigo de Dios" (Stg. 2:23), el hombre a quien Dios habló tantas veces, haya buscado al Señor para este asunto. Nunca sabremos si Dios habría enviado a esta pareja a Egipto o no. Más bien fueron por cuenta propia, lo cual significa que Abraham estaba tomando sus propias decisiones y seguía su propio consejo. Esto es lo que pasa cuando se está fuera de la voluntad de Dios: puesto que Sara era extremadamente hermosa y atractiva, aun a la edad de 65 años, Abraham temió por su vida en la sociedad egipcia pagana. Por eso ingenió un plan para protegerse:

> Y aconteció que cuando estaba para entrar en Egipto, dijo a Sarai su mujer: He aquí, ahora conozco que eres mujer de hermoso aspecto; y cuando te vean los egipcios, dirán: Su mujer es; y me matarán a mí, y a ti te reservarán la vida. Ahora, pues, di que eres mi

> hermana, para que me vaya bien por causa tuya, y viva mi alma por causa de ti (Gn. 12:11-13).

¿Qué pasó? Justo en el momento en que la pareja llegaba a Egipto, el faraón echó una mirada a la guapa Sara, y después de enterarse de que era la hermana de Abraham, la puso en su harén. Si bien eso era una verdad a medias (Sara era medio hermana de Abraham, del mismo padre pero de diferente madre), también era una mentira a medias porque vivían juntos como marido y mujer. A pesar de la garrafal cobardía de Abraham y de su falta de fe en la protección de Dios, Dios fue paciente, y poderoso. Protegió a Sara y envió grandes plagas contra el faraón y su casa (v. 17). Hay que dar crédito a Sara porque nada menciona la Biblia acerca de su conducta frente a las acciones engañosas de Abraham.

Problemas en la tienda (Génesis 16)

Avancemos rápidamente una década. Durante diez años, Abraham y Sara vivieron con la promesa divina de un heredero… pero Sara seguía siendo estéril. Podemos estar seguros de que a Sara le preocupaba mucho no tener un heredero. Podemos estar seguros de que anhelaba profundamente sostener a un bebé en sus brazos. Y sabemos que pensó mucho en ese problema, porque al final ingenió un gran plan para conseguir un heredero. El plan A había sido un bebé de Abraham y Sara. Cuando eso no parecía funcionar, Sara inventó el plan B: ella le ofrecería su sierva, Agar, para que Abraham engendrara un hijo que de todos modos fuera de él y de Sara. Incluso mencionó a Dios en sus razones: "Ya ves que Jehová me ha hecho estéril; te ruego, pues, que te llegues a mi sierva; quizá tendré hijos de ella. Y atendió Abram al ruego de Sarai" (v. 2).

Dios había prometido a Abraham un hijo, pero al menos en el razonamiento de Sara, Él no había especificado que el niño nacería de ella. ¿Por qué no entonces seguir la costumbre aceptada culturalmente en su época de usar una sustituta para concebir y dar a luz un hijo? Aquí tampoco hay registro de que Abraham o Sara, compañeros de fe, hayan consultado a Dios, quien los había dirigido en su salida de Ur y les había dado la promesa de tener hijos.

Los problemas de Abraham empezaron cuando escuchó a su esposa, Sara. Ahora bien, hay que entender que este relato bíblico *no* enseña que una esposa no pueda hacer sugerencias a su esposo, o comunicar sus ideas y pensamientos. *Tampoco* dice que esté mal que un esposo escuche a su esposa e implemente sus ideas. De hecho, muchas veces el consejo de una esposa es el mejor que un esposo puede recibir. Después de todo, tu esposa es tu compañera en la vida y te conoce mejor que nadie.

No obstante, Abraham cometió dos errores. Primero, dio por sentado que los argumentos de Sara eran válidos. Pero ¿qué buscó ella al incluir a Dios en el plan? Tal vez Sara pensó que eso reforzaría su argumento, pero ciertamente no santificaba ni daba autoridad a la sugerencia. Es como si tu cónyuge dijera: "Dios me dijo que debemos hacer esto o aquello". Y segundo, Abraham dio por sentado que el ofrecimiento de Sara se basaba únicamente en motivos desinteresados, que ella realmente intentaba apoyar la causa, ayudar a Abraham a convertirse en padre de familia, y tal vez incluso ayudar a Dios a cumplir su promesa.

Los sucesos posteriores al nacimiento de Ismael, hijo de Agar, demuestran que el verdadero motivo de Sara no era amor ni gracia. Sara se volvió mezquina y amargada, y trató a Agar con crueldad. Más adelante, cuando Sara al fin dio a luz a un hijo, Isaac, le pidió a Abraham enviar a Agar y a su Ismael al desierto. Abraham una vez más escuchó a su esposa; sin embargo, esta vez Dios confirmó la sugerencia de Sara, y dijo a Abraham: "No te parezca grave a causa del muchacho y de tu sierva; en todo lo que te dijere Sara, oye su voz, porque en Isaac te será llamada descendencia" (Gn. 21:12). Podemos tener la certeza de que ese fue un día triste, infeliz y desgarrador para Abraham cuando despidió a su hijo Ismael.

Cuando haya una crisis, no cometan el mismo error de Abraham y Sara. Antes de actuar, ¡oren! Y cuando haya problemas en su matrimonio y en su familia, ¡oren!

Héroes en el salón de la fama de la fe (Hebreos 11)

A pesar de sus problemas como pareja, Abraham y Sara fueron un hombre y una mujer de fe, una pareja de fe, compañeros de fe, una pareja conforme al corazón de Dios. Además de su historia en Génesis, este dúo dinámico aparece en cuatro libros del Nuevo Testamento en virtud de su fe en Dios.[4] ¿Cómo manifestaron Abraham y Sara su confianza en el Todopoderoso?

Por la fe. "Abraham, siendo llamado, obedeció para salir al lugar que había de recibir como herencia" (He. 11:8). Cuando Dios mandó a Abraham dar una señal del pacto de Dios con él, Abraham obedeció circuncidando a todos los hombres de su casa (Gn. 17:22-23). Más adelante, Dios mandó a Abraham sacrificar a su único hijo, y Abraham obedeció al emprender con su hijo el viaje al monte Moriah (Gn. 22:1-9). El modus operandi de Abraham respecto a Dios era obedecer rápida y totalmente, sin dudar.

> *Por la fe...* Abraham confió en Dios. Dios le dijo que se convertiría en una gran nación, y aunque en ese momento no tenía hijos, y por mucho tiempo después, él creyó en el Señor, y eso le fue contado por justicia (Gn. 15:6).
>
> *Por la fe...* Sara confió en el liderazgo de su esposo, "de la cual vosotras habéis venido a ser hijas, si hacéis el bien, sin temer ninguna amenaza" (1 P. 3:6).
>
> *Por la fe...* Sara recibió fuerza para concebir siendo anciana, y "creyó que era fiel quien lo había prometido" (He. 11:11).

¿Están creciendo en Dios como pareja? ¿Son compañeros de fe? Dios no busca perfección, solo progreso. Y cada nuevo día trae consigo la oportunidad para que los dos progresen. Si son como la mayoría de parejas, están insatisfechos con su estado actual, ¿no es así? Así que la pregunta que tal vez quieran formular a Dios y al otro sea: "¿Cómo podemos desarrollar nuestra fe como pareja y madurar espiritualmente como cristianos?".

Aunque Abraham y Sara tuvieron períodos durante los cuales desobedecieron a Dios, Él no dejó de cuidarlos y velar por ellos, porque al final volvían a confiar en Él. Si quieren seguir sus pisadas, lo primero que pueden hacer para fortalecerse como matrimonio cristiano es escuchar a Dios: aprendiendo y conociendo lo que Él dice en la Biblia. Si dedican tiempo a contar, encontrarán al menos nueve ocasiones en las que Dios habló con Abraham o Sara. Y Dios todavía habla a su pueblo y a sus parejas por medio de su Palabra, que está al alcance de ustedes hoy y todos los días.

Para vivir a la altura de su potencialidad como pareja conforme al corazón de Dios y echar raíces profundas de fe, tienen que dedicar tiempo a diario en la Palabra de Dios. Prueben a leer el mismo capítulo de la Biblia y luego hablen acerca de él. Busquen un libro de lecturas devocionales para parejas y léanlo por turnos en voz alta. Escojan algunos versículos favoritos o promesas de la Biblia para memorizar juntos. Propónganse mantenerse nutridos diaria y constantemente de la Palabra de Dios en toda su riqueza, y alimenten así su crecimiento espiritual como compañeros de fe.

Hebreos 11 menciona tanto a Abraham como a Sara, que es un capítulo conocido como "el salón de la fama de la fe". Observa cómo viajan juntos por décadas y escuchan a Dios, le siguen con todas sus fuerzas, aun cuando no sabían a dónde iban. Mira su fe en acción. Así será la fe en su matrimonio cuando busquen a Dios y su Palabra, escuchen lo que Él les dice, y le sigan de todo corazón en su andar juntos por la vida.

Síntesis

Algo que definitivamente pueden apreciar de la historia de Sara y Abraham es que pueden analizar una pareja que culminó la maratón del matrimonio, una pareja cuyos retratos penden para siempre en los muros del "salón de la fama de la fe" de Dios. Desde allí los invita a viajar junto a ellos, en las buenas y en las malas, en la dicha y en la adversidad, en los desafíos del día a día. Pueden ser testigos de sus problemas, ver cómo manejaron o complicaron sus pruebas, y aprendieron de las consecuencias. Pueden ver a una pareja que está comprometida con Dios y el uno con el otro, que sortea un problema tras otro, que le falla a Dios y al otro (¡más de una vez!) y aun así soportan cada tormenta y superan cada prueba... juntos.

• Lecciones de Sara para esposas •

1. *Sigue a tu hombre.* Jim y yo asistimos a una conferencia misionera que se volvió memorable y cambió nuestra vida debido a lo que una mujer nos comunicó. El esposo de esta dama era un fervoroso de las misiones y le había obsequiado una tarjeta idéntica a la que él había firmado, y que consistía en cuatro frases. Junto a cada frase había una casilla. Las cuatro frases eran: "lo que sea", "donde sea", "cuando sea necesario", y "al precio que sea". A su esposo le tomó treinta segundos marcar las cuatro casillas, firmar y ponerle fecha a su tarjeta, y luego girarse a su esposa y decir: "Oye, querida ¡aquí está la tuya!". Pero ella se quedó paralizada y no pudo firmar la tarjeta. La llevó consigo durante al menos seis meses antes de poder finalmente marcar las cuatro casillas. ¿Terminaron en un campo misionero? No. Pero ¿estaban dispuestos a vivir conforme al corazón de Dios como pareja? ¡Sí! Lo que sea, donde sea, cuando sea necesario, y al precio que sea.

Cuando veo cómo Sara siguió a Abraham, no puedo evitar pensar en esa tarjeta de cuatro casillas. Así es como quiero seguir a Jim, confiando en que Dios me guía por medio de mi esposo. Claro, un esposo cometerá errores en su liderazgo. ¿Quién no? Pero Dios le pide a mi esposo liderar (ese es el papel de Jim), y a mí me pide seguir (ese es mi papel).

Esto no descarta la necesidad de comunicarnos, intercambiar

información, esperar, orar, y tampoco obvia los cuestionamientos previos a la toma de decisiones. Pienso en mi respuesta al liderazgo de Jim como un emparedado: dos rebanadas de pan con mucha comida en medio. Las dos rebanadas de pan son un "¡por supuesto!" y otro "¡por supuesto!". ¿Y qué es la comida entre los dos panes? Es donde yo pregunto: "Está bien, ¿cuándo hacemos esto? ¿Cómo vamos a pagar eso?". Y si se trata de un asunto muy serio, yo pregunto: "¿Hay un hombre piadoso en la iglesia con quien puedas hablar acerca de esto?".

Pruébalo. Anda despacio. Tómate tu tiempo. Por encima de todo, sigue optimista y tranquila. Y eleva muchas oraciones. Enfócate en la meta de seguir a tu hombre.

2. *Cuídate de tus grandes ideas.* ¡Sara no está sola en esta categoría de "tener cuidado"! Como pronto verás, Raquel, y Eva como ya hemos visto, también ganaron sus premios en esta indeseable categoría. No sabemos con exactitud lo que pasó, pero un día Sara colapsó, y de la nada, a pesar de todas las promesas reiteradas de Dios mismo, tuvo la más "grandiosa" idea: "¡Voy a hacer que Abraham tenga un hijo con mi sierva!". El nacimiento de Ismael solo acarreó problemas; problemas que han perdurado más de 4.000 años (en el conflicto entre árabes y judíos).

Cuando tengas una gran idea, no hagas nada a menos que hayas seguido unos pocos pasos fundamentales de sabiduría:

1) Detente, no hagas nada.
2) Espera, solo los insensatos se apresuran.
3) Ora, pide la dirección de Dios.
4) Examina las Escrituras, para ver qué dice Dios al respecto.
5) Busca consejo, de personas sabias.

Luego acude sin tardar a tu esposo, en lugar de lanzar un anuncio precipitado o exigir hacer algo a tu manera. Recuerda tu meta: trabajar conjuntamente con tu esposo.

3. *Trabaja en equipo.* En Génesis 18 ocurrió un milagro en la tienda de Abraham y Sara. Aparecieron tres extraños, pero no de cualquier tipo (vv. 1-2). Sobra decir que nuestros compañeros de fe se dispusieron a actuar de inmediato. Abraham empezó a dar órdenes. Entre tanto, Sara se apresuró a preparar pan, corrió a los rebaños y eligió un ternero para la comida. Al fin, este equipo de esposos sirvió en la mesa la cena para sus tres invitados, que resultaron ser enviados divinos: ¡el Señor y dos ángeles!

Tal vez hayas oído que "tener muchos cocineros en la cocina" acarrea toda clase de problemas. Pero el equipo de Abraham y Sara hizo un gran trabajo. Trabajaron juntos y sacaron adelante una comida para su visita sorpresa.

Haz tu mejor esfuerzo para trabajar en proyectos con tu esposo. Pregúntale cómo puedes ayudar, e inclúyelo cada vez que quiera ayudarte. Baja el ritmo. Pon música. Disfruten de estar juntos. Hablen de su día o de sus sueños. Sé una colaboradora. Estos pueden ser momentos realmente hermosos que luego se convertirán en bellos recuerdos.

4. *Aprende a vivir con ciertas privaciones.* Algunas mujeres viven sin un esposo, ya sea porque son solteras, viudas, o casadas con un hombre cuyo trabajo lo aleja de casa por largos períodos de tiempo. Algunas mujeres viven sin el dinero para suplir necesidades básicas. Y otras mujeres viven sin una casa de verdad. Sara experimentó un estilo de vida casi sin hogar cuando vivió como nómada, mudándose de un lado a otro con frecuencia. Conocemos a muchos misioneros que viven sus días en una "casa" inacabada, o incluso una choza fabricada a mano en la espesura de una selva. Muchas de estas parejas y familias viven sin las comodidades que están fijas en nuestra lista de "cosas indispensables para vivir": un televisor, un auto, un baño o electrodomésticos.

Sin embargo, ¡Sara vivió sin un hijo! Vivió durante décadas deseando, preguntándose y buscando un bebé, un bebé que Dios mismo prometió a ella y a Abraham. Ella tenía la promesa de un hijo, que salió de los labios de Dios. Pero su descontento la llevó a cometer un serio error. En su impaciencia, urdió el plan de lograr un hijo por medio de la unión de su esposo con una de sus siervas. ¿Cuál fue el resultado? Los descendientes de Ismael se convirtieron en las naciones árabes, y la hostilidad entre árabes y judíos permanece hasta la fecha.

5. *Enfócate en una fe a largo plazo.* Tu fe en Dios está ahí para llevarte por todo el recorrido de la vida. Con Sara tenemos la bendición de observar muchas etapas de un matrimonio. Sí, leemos acerca de algunas de sus meteduras de pata y equivocaciones, y una de ellas (unir a su esposo y a su sierva) fue monumental. Pero cuando Dios vio su vida, ¡decidió incluirla en la lista de los gigantes de la fe!

Haz todo lo que esté a tu alcance para fortalecer tu confianza en Dios. Cada vez que lees tu Biblia, expandes tu fe al aprender más acerca de Dios y de sus promesas. Cada vez que oras, demuestras fe. Cada vez que obedeces a Dios, aun cuando no entiendes, vives por la fe. Dios te sostendrá en medio de cada prueba que afrontes en tu carrera personal de fe. El versículo que tengo como lema para mi vida señala claramente la larga carrera de la vida y cómo recorrerla con éxito: "una cosa hago: olvidando ciertamente lo que queda atrás, y extendiéndome a lo que está delante, prosigo a la meta, al premio del supremo llamamiento de Dios en Cristo Jesús" (Fil. 3:13-14).

• Lecciones de Abraham para esposos •

Abraham fue un hombre de contradicciones. Fue un gran nómada y un jefe tribal adinerado de su época. Fue un guerrero hábil. Fue un hombre respetado en las regiones donde extendía sus tiendas. Pero tomó algunas malas decisiones en lo que respecta al matrimonio. ¡Sujétate el sombrero! Abraham puede enseñarnos dónde enfocar nuestra atención… y qué evitar en nuestra relación con nuestras esposas.

1. *Ama a tu esposa en las buenas y en las malas.* Abraham y Sara tenían un gran problema, y a pesar de eso a él parecía no preocuparle la esterilidad de Sara. Parece que nunca le dio mayor importancia. Por eso nos lanza un gran reto como esposos: amar a nuestras esposas incondicionalmente. Este también es el mensaje del Nuevo Testamento para los esposos, donde Pablo manda a los esposos amar a sus esposas como Cristo amó a su Iglesia (Ef. 5:25). Cuando te casaste, tú prometiste amar a tu esposa "en la prosperidad y en la adversidad, en la salud y la enfermedad", etc. Cuando te enfrentas a circunstancias difíciles, incluso desafíos en la salud, tienes que redoblar tus esfuerzos y multiplicar tu amor por tu esposa. Al igual que Abraham, ama y cuida a tu esposa, pase lo que pase.

2. *Mantén un liderazgo constante.* Abraham no era perfecto. Tenía muchos defectos. Para empezar, no consultó con Dios varias decisiones clave, y cometió graves errores. Fue pasivo en momentos críticos de su matrimonio, como cuando estuvo en Egipto (donde puso en peligro a Sara diciendo que era su hermana), y cuando atendió al plan de Sara para permitirle a Agar ser la madre de su hijo Ismael. Sin embargo, en otras ocasiones demostró gran liderazgo tanto con su familia como con sus vecinos. Esto debe animarte en tu propio liderazgo. Dios te ha puesto como líder en tu matrimonio, de modo que asegúrate de pedirle a Él fortaleza, sabiduría y determinación para ser constante.

3. *Adora a Dios públicamente.* Abraham adoró públicamente, y con gran fervor. Aunque Abraham empezó como un pagano, Dios, en su gracia, obró en su corazón y en su vida. ¿Cómo era la vida de este hombre pagano después de la transformación de Dios? Hablaba con Dios. Construyó altares al Señor. Entregó diezmos. Escuchó a Dios. Y obedeció a Dios.

¿Ha hecho Dios una obra en tu vida? Tú también fuiste un pagano en el pasado, un pecador. Pero así como Dios amó a Abraham y obró en su vida, Él también quiere obrar en la tuya. "Dios muestra su amor para con nosotros, en que siendo aún pecadores, Cristo murió por nosotros" (Ro. 5:8). Si Dios ha obrado para transformar tu vida, ¿hay algunas prácticas espirituales de Abraham que estén por encima de tu capacidad? Pienso que estarás de acuerdo en que no. Entonces proponte seguir fielmente el ejemplo de Abraham y guía a tu esposa y a tu familia en actividades espirituales.

4. *Administra tus recursos con diligencia.* En ningún lugar dice la Biblia que debas ser pobre económicamente. De hecho, la Biblia exalta el trabajo arduo, el ahorro, y señala que una buena administración recibe la recompensa de la bendición de Dios. A Abraham nunca le obsesionaron las riquezas ni se volvió perezoso por tenerlas, aunque era un hombre muy adinerado. Antes bien, fue fiel en administrar cuidadosamente sus posesiones. Hoy día es fácil para las parejas perseguir el dinero, vender sus almas por una casa grande, autos finos o botes, vacaciones costosas… y la lista es interminable.

Puesto que el dinero es un asunto tan crucial que afecta al diario vivir en el matrimonio, he aquí algunas consideraciones para parejas:

- Primero, evalúen sus corazones, de manera individual y como pareja. Busquen el contentamiento. Esfuércense por seguir la consigna del apóstol Pablo: "He aprendido a contentarme, cualquiera que sea mi situación" (Fil. 4:11).
- Segundo, definan sus necesidades, no sus deseos. Es impresionante ver cómo en una depresión o recesión económica, con cuán poco decidimos que podemos vivir y de cuánto podemos prescindir. Esta debería ser nuestra actitud en todo tiempo.
- Tercero, si tienen deudas muy grandes, eliminen los gastos de la tarjeta de crédito tanto como puedan, y paguen sus compras en efectivo. Es demasiado fácil deslumbrarse con el "dinero plástico", ¡cuando *en realidad* tienes que pagar después! Asimismo, gastarán menos cuando paguen en efectivo,

porque en general llevan menos efectivo y serán mucho más conscientes a la hora de soltar cada billete de dinero "real".

- Cuarto, aunque no menos importante, ofrenden o diezmen una parte de cada ingreso. Por ejemplo, Abraham entregó a Melquisedec, "el sacerdote del Dios Altísimo", el diez por ciento del botín de la batalla que ganó a los saqueadores (Gn. 14:18).

Como hombre y esposo de tu hogar, eres responsable de la forma como se administra el ingreso familiar. Sé fiel con esta mayordomía. Involucra también a tu esposa para que te ayude a controlar los gastos. Fíjense "metas de pareja" para las finanzas: qué y dónde dar, cuántos ahorros tener a la mano, cómo debe ser el presupuesto familiar. Si trabajan juntos en esto, podrían evitar el motivo número uno de conflicto en la pareja: ¡dinero!

5. *Fortalece tu fe.* Abraham era un hombre de fe. De hecho, alguien escribió un libro titulado *Abraham, el hombre de fe de Dios.*[5] Desde el principio del relato divino de la vida de Abraham, vemos claramente que él confiaba en Dios. Se aferró a las promesas de Dios y vivió conforme a ellas. Por ellas dejó su patria y su familia, y ellas le motivaron a seguir adelante año tras año.

El ejemplo de fe de Abraham sirvió de base para todo el argumento del apóstol Pablo acerca de la fe en Romanos 4. Y el famoso reformador protestante Martín Lutero basó gran parte de su convicción en el hecho de que Dios estableció a Abraham como un modelo de fe. Este sería un maravilloso epitafio para tu vida:

Aquí descansa ___[tu nombre]___ ,
un hombre que confió en Dios,
un hombre de fe.

Compañero y también esposo, sigue las exhortaciones de Proverbios 3:5-6 para amar y guiar a tu esposa y a tu familia. Si lo haces, tu fe se fortalecerá a medida que te dejas guiar por Dios en la dirección correcta: "Fíate de Jehová de todo tu corazón, y no te apoyes en tu propia prudencia. Reconócelo en todos tus caminos, y él enderezará tus veredas".

Construyan un matrimonio duradero

El estudio de las vidas de Abraham y Sara, una pareja conforme al corazón de Dios, constituye un cuadro extraordinario. Ningún otro matrimonio en la Biblia recibe tanto espacio en ella. En los 13 capítulos que describen detalladamente sus vidas hasta la muerte de Sara, nos hacemos una idea de la historia épica de su amor, sus pruebas, su compañerismo y sus aventuras. Examinemos los tres elementos básicos necesarios para construir un matrimonio duradero.

¿Cuál fue el *fundamento* de su matrimonio y de sus vidas? Es indudable que la fe. Abraham, el esposo, fue un hombre de fe, y Sara, la esposa, fue una mujer de fe. ¡Esta es la combinación perfecta de Dios! Cada uno poseía una fuerte confianza en Dios, lo cual los hizo compañeros en la fe.

Y siguieron el *plan de acción* de Dios para sus vidas. Hicieron lo que Dios les dijo. Como expertos constructores, ya fuera de un edificio o de un matrimonio, siguieron las especificaciones y las normas establecidas por Dios. Tuvieron fe en Él y en sus planes para ellos.

¿Y cuáles fueron las *herramientas* que usaron Abraham y Sara para construir un matrimonio digno de mencionarse en el "salón de la fama de la fe" de Dios? Primero, notamos que se apoyaron fuertemente y confiaron en las promesas de Dios. Podemos imaginar las muchas discusiones que tuvieron Abraham y Sara acerca del hecho de que no tenían un heredero. Y podemos imaginar también cómo se recordaban de manera mutua y constante la promesa segura de Dios. Vemos la paciencia como herramienta para confiar en Dios y vivir para Él. Ellos esperaron, y esperaron… y esperaron un hijo.

A medida que construyen su matrimonio, sin importar qué circunstancias los golpeen, o cuán tontos sean sus errores, o cuánto tengan que perdonarse, o cuán difícil se vuelve confiar en Dios y esperar en Él con paciencia, echen mano a lo que Dios dijo en un encuentro cara a cara con Abraham, cuando reiteró su promesa de un hijo por medio de Sara: "¿Hay para Dios alguna cosa difícil?" (Gn. 18:14).

¿La respuesta? No, por supuesto que no.

3

Isaac y Rebeca

Un matrimonio hecho en el cielo

Jehová, Dios de los cielos...
enviará su ángel delante de ti,
y tú traerás de allá mujer para mi hijo.
GÉNESIS 24:7

Pon a sonar la música. Que tenga muchas cuerdas. ¡Pon a sonar una poderosa melodía que resuene en tu corazón! En la industria del cine no existe una historia de amor como la que estás a punto de conocer en este capítulo. La historia del matrimonio de Isaac con Rebeca no solo ilustra la forma en que se organizaban los matrimonios en tiempos antiguos, sino que también es verdaderamente una historia romántica. ¡Fue sin duda un matrimonio por amor! Así fue como tuvo lugar este matrimonio "hecho en el cielo".

Isaac, el único hijo de Abraham y Sara que les nació en la vejez, tenía unos 37 años cuando su madre Sara murió a la edad de 127 años. Isaac no vivía en una ciudad, o en otra casa calle abajo, o al otro lado del pueblo. No, Isaac vivía en una tienda cerca de sus padres muy avanzados de edad. Durante todos sus 37 años, Isaac había observado a su padre y a su madre vivir en amor. De hecho, hasta sus 37 años, sus padres habían vivido juntos como pareja conforme al corazón de Dios durante más de 50 años.

Según el relato bíblico, es obvio que Abraham y Sara se amaban. Y la fuerza de su relación fue evidente incluso en la muerte. Génesis 23:2 nos dice que "Sara murió en Quiriat-arba, que es Hebrón, en la tierra de Canaán; y vino Abraham a hacer duelo por Sara, y a llorarla". Vemos al gran patriarca y devoto gigante de la fe, Abraham, conmovido visiblemente y físicamente por la pérdida de su esposa de toda la vida, y expresando sin temor sus emociones delante de sus vecinos. Ahora vemos cómo el amor de Abraham es modelado en la siguiente generación por medio de su hijo Isaac.

Hechos de las Escrituras

La preocupación de un padre por su hijo (Génesis 24:1-4)

Aunque este no es un libro acerca de paternidad, lo que hizo Abraham constituye un excelente ejemplo que demuestra cuán trascendental puede y debe ser el consejo de un padre. En este caso, en la elección de una pareja de por vida que sea adecuada para sus hijos, especialmente desde el punto de vista espiritual. Este puede ser uno de los papeles más decisivos que pueden desempeñar los padres para ayudar a sus hijos a empezar con pie derecho en el tema del noviazgo, el cortejo, y en última instancia el matrimonio.

Después de la muerte de Sara, Abraham decidió que era hora de que su hijo Isaac encontrara una esposa. Una cosa era segura: Abraham no quería que su hijo se casara con una mujer de Canaán (donde vivían), una mujer que no conociera a Dios. Por tanto, envió a Eliezer, su siervo más leal, en una misión especial. Abraham le garantizó a Eliezer que Dios mostraría el camino y le ayudaría a encontrar la esposa perfecta para su hijo.

Observen la confianza que tenía Abraham en Dios cuando le asegura a su siervo que "Jehová, Dios de los cielos... enviará su ángel delante de ti, y tú traerás de allá mujer para mi hijo" (24:7). Cuando Abraham envió a Eliezer de regreso a la tierra de donde salió, estaba haciendo su mejor esfuerzo para encontrar una novia que creyera en el Dios verdadero. Como él explicó a Eliezer: "y te juramentaré por Jehová, Dios de los cielos y Dios de la tierra, que no tomarás para mi hijo mujer de las hijas de los cananeos, entre los cuales yo habito; sino que irás a mi tierra y a mi parentela, y tomarás mujer para mi hijo Isaac" (24:3-4).

Un matrimonio hecho en el cielo (Génesis 24:5-62)

La misión del siervo más leal de Abraham era volver a los parientes de Abraham en Mesopotamia a cientos de kilómetros de distancia, y allí encontrar una esposa para su hijo. Y él hizo tal como le ordenaron. Cuando el siervo llegó a la tierra natal de Abraham, oró así:

> Oh Jehová, Dios de mi señor Abraham, dame, te ruego, el tener hoy buen encuentro, y haz misericordia con mi señor Abraham. He aquí yo estoy junto a la fuente de agua, y las hijas de los varones de esta ciudad salen por agua. Sea, pues, que la doncella a quien yo dijere: Baja tu cántaro, te ruego, para que yo beba, y ella respondiere: Bebe, y también daré de beber a tus camellos; que sea ésta la que tú has destinado para tu siervo Isaac; y en esto conoceré que habrás hecho misericordia con mi señor. Y aconteció que antes que él acabase de hablar, he aquí Rebeca, que había nacido a Betuel, hijo de Milca mujer de Nacor hermano de Abraham, la cual salía con su cántaro sobre su hombro (24:12-15).

Al leer esta historia, tal vez ustedes sean de los que catalogarían este relato como "un cuento de hadas". Se pronuncia una oración, se pide una señal y se recibe una respuesta. ¡Vaya historia! El siervo de Abraham creyó con todo su corazón que una mujer llamada Rebeca era la doncella perfecta para Isaac. Ella cumplía con el requisito que había pedido a Dios en oración. Al leer la historia, tampoco podemos evitar observar cómo orquestó Dios la unión de esta pareja. Pero ¿pueden creer que su matrimonio también fue hecho en el cielo?

Si acaban de discutir con su cónyuge ¡tal vez lo duden! O si recuerdan dónde y cómo se conocieron, tal vez no se sientan muy complacidos. Tal vez pongan en duda que Dios haya estado involucrado en ello.

En el pasado, Elizabeth y yo nos hemos cuestionado en ocasiones: "¿En realidad estábamos hechos para casarnos?". Eso es porque estábamos en un "yugo desigual", como dice la Biblia (2 Co. 6:14). En otras palabras, yo (Jim) era cristiano y Elizabeth no. Yo había sido cristiano desde temprana edad, pero perdí el rumbo en mi vida espiritual después de salir de mi casa para ir a la universidad.

Después de ocho años de matrimonio, que completaban casi otros ocho años de hacer todo al revés como pareja, Elizabeth acudió a Cristo. De inmediato empezamos a asistir a una iglesia que enseñaba la Biblia y a aprender lo que significa ser una pareja conforme al corazón de Dios.

Sin importar qué los haya juntado como pareja, o cómo se conocieron y cuáles fueron las circunstancias cuando se casaron, Dios estaba allí. El matrimonio, a los ojos de Dios, es permanente. Moisés escribió: "Por tanto, dejará el hombre a su padre y a su madre, y se unirá a su mujer, y serán una sola carne" (2:24). Y más adelante en el Nuevo Testamento, Jesús presentó otro aspecto adicional de cómo Dios ve a *todos* los matrimonios, sean cristianos o no: "Por tanto, lo que Dios juntó, no lo separe el hombre" (Mr. 10:9). El matrimonio está ordenado por Dios, y cuando una pareja está casada se convierte en una pareja hecha en el cielo. A pesar de cómo comenzara, se convierte en una unión vinculante.

Muchas parejas pierden de vista el hecho de que Dios ve el matrimonio como una unión. No pueden permitir que ningún asunto, problema o tropiezo se interponga en los votos que han hecho. Como pareja, ustedes están obligados ante Dios a hacer que su matrimonio funcione.

Tal vez estuvieron casados siendo incrédulos. O tal vez están en un segundo o tercer matrimonio. O tal vez una indiscreción sexual los llevó a casarse. Independientemente de los detalles, aquí están hoy: una pareja casada. Sin importar las circunstancias, deben ver su situación actual como el designio de Dios. Y ahora, como pareja cristiana, deben considerar su matrimonio como aprobado y bendecido por Dios. Debe ser permanente. No pueden deshacer el pasado; ya pasó. Sí, hay muchos remordimientos y secuelas, pero hoy, en este matrimonio, Dios quiere que ustedes lo hagan funcionar para gloria suya y felicidad de ustedes.

Un hombre ama a una mujer (Génesis 24:61-67)

¿Qué clase de relación tuvo Isaac con Rebeca? Génesis 24:67 nos dice que "la amó". Y al igual que su padre Abraham, Isaac demostró su amor con actos visibles. Este fue un amor emocional, y más adelante vemos que Isaac "acariciaba a Rebeca su mujer" (26:8), o mostrando también una intimidad física con ella.

Amor. Es un tema frecuente en la Biblia. A los esposos manda "amad a vuestras mujeres, así como Cristo amó a la iglesia". También "deben amar a sus mujeres como a sus mismos cuerpos". Y un esposo debe amar "a su mujer como a sí mismo" (Ef. 5:25, 28, 33). El amor de un esposo por su esposa debe ser sacrificado, hasta el punto de entregar con gusto su vida si eso significa protegerla.

El amor es acción, no solo decir las palabras "te amo". La prueba de tu amor se verá en tu manera de tratar a tu esposa. ¿La honras con un gesto tan sencillo como abrirle la puerta? ¿Ayudarla a subir o bajar del auto? ¿Ayudarla en las labores de la casa, con los niños, pagando las cuentas? ¡Ya sabes a qué me refiero!

Espero que no seas como el hombre cuya esposa durante 15 años decía desconsolada en una sesión de consejería: "¡Él nunca volvió a decirme que me ama!". Con reticencia y sorpresa, el hombre respondió para defenderse: "Bueno, yo le dije que la amaba cuando nos casamos, ¡y eso sigue vigente!".

El amor de un esposo por su esposa debe demostrarse diariamente. Cuando el apóstol Pablo escribió: "Esposos, amad a vuestras mujeres" en Efesios 5:25, añadió que este amor debía ser como el amor de Cristo por su Iglesia. Como todos sabemos, el amor de Cristo por la Iglesia es constante y no tiene fin. De hecho, Él demostró su amor hasta el punto de sacrificarse a sí mismo entregando su vida por nosotros. De igual manera, los esposos deben manifestar un amor constante, ilimitado y sacrificado por sus esposas.

Un cuento de hadas con un problema (Génesis 25:19-21)

El matrimonio se describe con frecuencia como un largo paseo en montaña rusa. Hay altibajos. Durante los primeros años de matrimonio, el único problema real que la dichosa pareja tuvo que afrontar fue la muerte de Abraham, que tuvo que ser una gran pérdida para ambos. Pero en medio de su dolor, Dios siguió bendiciendo a Isaac (v. 11).

Sin embargo, había un asunto que debió de causar inquietud. Y asomaba todos los días en el hogar de Isaac y Rebeca. ¿Su nombre? Esterilidad. Después de 20 años de matrimonio, Rebeca seguía sin hijos. Como lo fue en el caso de Sara su predecesora, este era un problema serio para Rebeca.

Les alegrará saber que Isaac estuvo a la altura de la dificultad e hizo lo mejor que pudo frente a una situación complicada que parecía imposible: buscó a Dios en oración. Y parece que no fue una sola oración de: "Ah, sí, Señor, a propósito, Rebeca es estéril. ¿Podrías hacer algo al respecto?". No. Parece que Isaac oraba continua y fervorosamente a Dios: "Y oró Isaac a Jehová por su mujer, que era estéril" (v. 21).

¿Y cuál fue el resultado? ¡Dios respondió con mellizos! (vv. 21-22).

Problemas de comunicación (Génesis 25:21-34)

Esta no es la primera vez que encontramos este problema. Prepárense, porque al igual que Adán y Eva, Isaac y Rebeca también van a tener sus propios problemas de comunicación, ¡o de falta de comunicación!

He aquí el problema: Rebeca era estéril. Ella e Isaac habían estado casados durante 20 años, y seguían sin hijos. Isaac, que era un esposo amoroso, sensible y protector, oraba para que su amada esposa concibiera. Y Dios respondió con una doble bendición: mellizos. Apenas podemos imaginar la dicha que debió de sentir esta pareja cuando descubrieron que Rebeca estaba embarazada.

No obstante, mientras los mellizos estaban todavía en el vientre, ya peleaban el uno contra el otro. Rebeca, siendo una madre primeriza, no estaba segura de lo que sucedía. Así que presentó al Señor su problema y lo consultó. Y Dios respondió: "Dos naciones hay en tu seno, y dos pueblos serán divididos desde tus entrañas; un pueblo será más fuerte que el otro pueblo, y el mayor servirá al menor" (25:23).

Lo interesante aquí es que al parecer Dios le dijo esto solo a Rebeca. No hay registro de que Dios le hubiera comunicado esta misma información a Isaac. Tampoco vemos que Rebeca se lo haya contado a su esposo. ¿No crees que Rebeca debió desfallecer o gritar, y luego correr a buscar a Isaac para contarle lo que Dios había dicho acerca del futuro de sus hijos (que el mayor serviría al menor; es decir, que Esaú serviría a Jacob)? Pero es evidente que Isaac no lo sabía, porque años después, cuando le llegó el momento de impartir la bendición del primogénito a Esaú, terminó dándosela a Jacob.

Una familia de favoritos (Génesis 25:24-28)

Desde el principio, los mellizos de Isaac y Rebeca pelearon y eran opuestos en casi todo aspecto: carácter, modales y hábitos. Y cada muchacho agradaba a la forma de ser de uno de sus padres. Antes de que sus hijos nacieran, Isaac y Rebeca habían centrado todo su amor el uno en el otro. Pero a medida que su rol de padres ganó mayor protagonismo en sus vidas, parece que su amor de pareja se desplazó, y empezaron a vivir en torno a los hijos. La Biblia dice que Isaac amó a Esaú, y que Rebeca amó a Jacob (v. 28).

¡Qué palabras tan devastadoras! Y qué escena más triste: una familia hecha de amor dividido, con cada niño amado a medias. ¿Puede algo bueno resultar de esta clase de afecto descarriado?

Una semejanza familiar (Génesis 26:1-11)

Ya mencionamos antes que, según el apóstol Pablo, un esposo debe amar a su esposa con un amor que se sacrifica (Ef. 5:25, 28). Por desdicha, con demasiada frecuencia sucede lo contrario. Abraham, el padre de Isaac, había mentido en dos ocasiones respecto a su esposa: ante el faraón y ante Abimelec, diciendo que era su hermana. ¿Por qué lo hizo? "Para que me vaya bien" (12:13; ver también 20:2). A Abraham le importó más su propio bienestar que el sacrificio por su esposa.

¡Y ahora vemos el legado del mal ejemplo de Abraham en Isaac! Otra vez hay hambre en la tierra. Pero esta vez Dios le mandó específicamente a Isaac no ir a Egipto. Él le prometió que si Isaac se quedaba en la tierra, cuidaría de él: "No desciendas a Egipto; habita en la tierra que yo te diré. Habita como forastero en esta tierra, y estaré contigo, y te bendeciré; porque a ti y a tu descendencia daré todas estas tierras, y confirmaré el juramento que hice a Abraham tu padre" (26:2-3).

Isaac obedeció a Dios y permaneció donde estaba. Su casa estaba ubicada precisamente en una tierra que les pertenecía a los filisteos, un pueblo que años más tarde causaría problemas a los israelitas. Isaac no estaba seguro respecto al carácter de este pueblo, especialmente en lo concerniente a Rebeca. Ella sería mayor de sesenta años en ese tiempo, pero todavía era muy hermosa.

Por desdicha, la ansiedad de Isaac se exacerbó. Con el fin de protegerse de sus temores imaginarios, empleó una estrategia similar a la de su padre. Mintió acerca de su relación con Rebeca, diciendo a los habitantes de la región: "es mi hermana" (v. 7). Isaac obedeció a Dios en una decisión (quedarse en la región), pero falló en confiar en Dios y prefirió mentir respecto a su esposa. Una vez más, la seguridad personal prevaleció sobre el sacrificio de sí mismo.

¿Dónde quedó el amor por su esposa que estaba dispuesto a sacrificar su propia vida por ella? ¿Cuáles hubieran podido ser las consecuencias nefastas si aquellos hombres hubieran querido adueñarse de su "hermana"? ¿Y qué hay de los sentimientos de Rebeca, al verse traicionada y decepcionada por su propio esposo? Es un hecho que Isaac decepcionó a Dios, tal como había sin duda decepcionado a Rebeca. Y decepcionó a los esposos a lo largo de las generaciones, los que han esperado algo mejor de él, que fuera un ejemplo digno de imitar de lo que es el amor verdadero en acción.

Una familia disfuncional en acción (Génesis 27:1—28:5)

Sabemos que Dios le dijo a Rebeca que Esaú (el primogénito) serviría a Jacob (el que nació segundo). Una vez más, parece que Isaac no tenía conocimiento de esto. Cuando le llegó el momento a Isaac de conferir el derecho de primogenitura, se preparó para dársela a Esaú. Esa era la costumbre.

Nos preguntamos: *¿qué sucedió?* ¿Isaac no se enteró? ¿Falló Rebeca en comunicar a su esposo lo que Dios dijo? Tal vez Rebeca se lo había dicho a Isaac 20 años antes, pero Isaac lo olvidó. O tal vez Isaac prefirió desoír lo que Dios dijo. Después de todo, Esaú era su favorito.

Independientemente de lo sucedido, Rebeca todavía tenía tiempo para contarle a Isaac lo que Dios había predicho. En cualquier caso, Rebeca se enfrentó a un dilema. ¿Confiaría en que Dios hiciera lo que Él había dicho, o trataría de "ayudar a Dios" con lo que parecía ser un problema?

Cuando fue evidente que las cosas no sucedían como quería Rebeca, se apresuró a manipular a su hijo favorito, Jacob, para procurar la posición de bendición. ¡Qué disfuncional! Una pareja que no comparte mensajes y sucesos importantes. Padres que muestran favoritismo. Un cónyuge que intenta engañar y manipular al otro.

¿En qué terminó esto? Al final, Rebeca logró lo que quería. Jacob recibió la bendición. ¡Pero vaya precio el que pagó ella! Enemistó a su hijo, Esaú. Por enojo, Esaú organizó un matrimonio con una extranjera impía, a sabiendas de que eso desagradaba a sus padres. Y por enojo, Esaú juró matar a su hermano. Jacob se vio obligado a huir para preservar su vida, y Rebeca nunca volvió a ver a su hijo favorito. ¡Qué consecuencias tan trágicas! Sus últimas palabras registradas en la Biblia expresan gran dolor y pesar: "Fastidio tengo de mi vida" (27:46).

Síntesis

¿Cómo puede una relación empezar tan bellamente y terminar tan mal? El matrimonio de Isaac y Rebeca empezó como una respuesta a la oración ferviente del siervo leal de Abraham. Un vistazo a la primera mitad de su matrimonio nos da la impresión de que el matrimonio de Isaac y Rebeca era el de una pareja hecha en el cielo. Se amaban y establecieron una bella vida juntos. El único problema que vemos es que durante los primeros 20 años Rebeca no tuvo hijos. Pero Isaac clamó a Dios por un hijo, y Dios respondió no solo dándole uno sino dos: ¡mellizos!

Para cuando Jacob y Esaú nacieron, es evidente que Isaac y Rebeca se distanciaron. Cada uno tenía un hijo favorito. Su historia termina cuando Rebeca ayuda a su hijo favorito, Jacob, a engañar a su esposo y el padre de Jacob para dar a Jacob la bendición del primogénito y no al legítimo heredero, Esaú. La familia quedó dividida cuando Jacob tuvo que huir por su vida, y Esaú, en rebeldía, se casó con una mujer de los vecinos idólatras. ¡Qué final tan trágico después de un comienzo emocionante y lleno de esperanza! Pero alabado sea Dios que a pesar de las faltas de esta pareja, Él encontró la manera de hilar incluso sus errores en el tejido de un futuro brillante.

• Lecciones de Rebeca para esposas •

1. *El carácter cuenta.* Cuando el siervo de Abraham salió a buscar una esposa para Isaac, encontró en Rebeca todas las cualidades de carácter que él consideró necesarias para Isaac. Como una joven soltera, tal vez adolescente, Rebeca era una "doncella" que estaba a la espera de descubrir a su futuro esposo, a la espera de un matrimonio. Y mientras esperaba, se consagró con entusiasmo a hacer su aporte a la familia y asumir con responsabilidad su trabajo.

Cada día iba al pozo a sacar agua para la familia. Pero en un día particular y especial, su vida dio un giro total en una nueva dirección. Todo empezó con su disposición a servir a otros. Más específicamente, a servir al siervo de Abraham. Eliezer pidió a Dios que lo guiara a encontrar una mujer que estuviera dispuesta a servir a otros. Rebeca pasó la prueba, pero su servicio fue más allá de ofrecer agua al hombre cansado. Ella ofreció: "bebe, y también daré de beber a tus camellos" (Gn. 24:14).

Piensa en la larga lista de cualidades del carácter de Rebeca, cualidades que Dios aplaude, cualidades que te ayudan a ser una gran esposa. Ella era una mujer dinámica, emprendedora, servicial, compasiva, observadora, vigorosa, con iniciativa, inteligente, confiable y responsable, hospitalaria, veía una necesidad y la suplía. Ella era probablemente el corazón de la familia. Y tal vez dejaba a su paso una nube de polvo cuando corría de una actividad a otra.

Examina tu vida diaria como esposa a la luz de esta lista. Evalúate. ¿Te faltan algunas de estas cualidades? ¿Enfocas tu tiempo y tu energía en servir a tu esposo, tu hogar, tu familia y a otros? ¿Hay alguna cualidad que requiere tu especial atención hoy?

2. *La paternidad centrada en los hijos puede poner en peligro tu matrimonio y tu familia.* En lo que respecta a sus hijos mellizos, Rebeca tuvo su favorito. En su hogar, Isaac amó a Esaú porque era cazador y le proveía comida deliciosa. Y Rebeca amaba a Jacob porque a él le gustaba pasar tiempo con ella en la cocina y ayudar a su mamá; era "el niño de mamá". La parcialidad de ambos padres llevó a los hijos a tomar malas decisiones que ahondaron las fallas de su carácter. Jacob se volvió un engañador, y Esaú se volvió un rebelde que se casó con mujeres impías y quiso matar a su hermano.

Cuando los padres, uno de ellos o los dos, prefieren a un hijo en detrimento del otro, causan desavenencia y dolor emocional. Si tus relaciones de familia se han vuelto amargas, habla con tu esposo al respecto. O pide ayuda o consejo a un amigo cristiano o consejero. Pídele a Dios que te dé el fruto de su Espíritu: amor para cada uno de tus hijos. El amor de Dios es amor puro, y está exento de parcialidad. Con el amor del Espíritu, es imposible amar a un hijo más que a otro. No pongas en peligro ni pierdas tu familia por falta de amor, ¡porque Cristo tiene suficiente amor para todos!

¿Qué más puedes hacer? Tener un cuaderno de oración con una

página para cada hijo que te ayude a garantizar que cada hijo esté presente en tu mente y en tu corazón. Y en la página de tu esposo, escribe un recordatorio para orar con fervor que él ame a cada uno de sus hijos. Cada hijo debe tener el amor de sus dos padres.

3. *Cree las promesas de Dios.* Al final, Rebeca no confió en Dios. Aunque Dios le habló directamente cuando tuvo problemas antes del nacimiento de sus mellizos, Rebeca no confió en su palabra: "y le respondió Jehová: Dos naciones hay en tu seno, y dos pueblos serán divididos desde tus entrañas; un pueblo será más fuerte que el otro pueblo, y el mayor servirá al menor" (Gn. 25:23).

Es bastante claro, ¿no es así? Con todo, cuando llegó el momento para que Isaac bendijera a su primogénito, Rebeca no creyó que Dios cumpliría su palabra. Dudó que Dios interviniera o pudiera hacerlo por medio de Isaac: que Dios garantizara que Isaac le diera la bendición a Jacob y no a Esaú. Al acercarse el momento de la bendición, Rebeca se asustó y tomó el asunto en sus manos, urdió un plan, y se esforzó en manipular las circunstancias de tal modo que el derecho de primogenitura le fuera dado a Jacob, el menor. En lugar de confiar en la promesa de Dios, tomar distancia y dejar que Dios hiciera su obra, confió en su propio plan de engaño.

La falta de fe en Dios le costó mucho a Rebeca y a toda su familia. Ella perdió a su amado hijo, Jacob, que tuvo que huir para salvar su vida. Esa fue la última vez que ella lo vio, porque murió antes de que él regresara. Y perdió a su hijo Esaú, quien enojado se fue para casarse con una mujer pagana, a sabiendas de que eso les rompería el corazón a sus padres.

La confianza es esencial en cualquier relación, y eso es particularmente cierto en tu relación con Dios. ¿Te cuesta confiar en Dios en algún aspecto de tu matrimonio o en lo que concierne a los hijos? La Palabra de Dios ofrece respuestas. No trates de manipular tu vida, o la de tu esposo o la de tus hijos. Confía en que Dios ya ha planeado todo para tu bien, para el bien de tu esposo y para el de tus hijos. Confía en su promesa en Romanos 8:28: "Y sabemos que a los que aman a Dios, todas las cosas les ayudan a bien, esto es, a los que conforme a su propósito son llamados".

También hay algo que puedes hacer cuando temes que tu esposo cometa un error. Primero, puedes y debes contar a Dios tus inquietudes. Derrama tu corazón y entrega tus temores, y pídele sabiduría divina.

También puedes hablar con tu esposo. Elige bien tus palabras y el momento de hablar, y formula muchas preguntas en lugar de lanzar acusaciones. Él es tu compañero, el padre de tus hijos y tu mejor amigo. Debes poder hablar abiertamente con él.

Al final, después de todas las oraciones, las conversaciones y el cuidado, debes confiar a Dios el desenlace de cada situación, la obra en el corazón de tu esposo, la obra en la vida de tu hijo y en tu propio corazón.

4. *Examina con frecuencia tu papel como esposa.* No, ¡que sea diariamente! Rebeca no fue una buena ayuda. Tal vez al principio lo fue, pero en su momento falló en cumplir este papel. Dios le dio Eva a Adán para que fuera su ayuda. Y Rebeca tenía la misma misión de ayudar a su esposo. Todo empezó muy bien. Después de todo, ¡el suyo era un matrimonio hecho en el cielo!

Pero en algún punto del camino, Rebeca dejó de ser una ayuda para su esposo y empezó a lastimarlo, y a su matrimonio, a sus hijos y la unidad familiar. Empezó a ensayar su estrategia que era contraria a los planes de Isaac de dar a Esaú la primogenitura. Una buena esposa y ayuda hubiera acudido a su esposo cuando recibió por primera vez las noticias acerca de los mellizos. Una verdadera ayuda hubiera comunicado el mensaje de Dios y luego oraría mientras Él e Isaac coordinaban los detalles. Una esposa que ayuda hubiera hecho todo lo posible por mantener su matrimonio y su familia unidos, en lugar de enredarlos en el desastre que ella misma creó y que perjudicó a todos. Sigue el modelo de la mujer de Proverbios 31, la esposa ideal:

Mujer virtuosa, ¿quién la hallará?
Porque su estima sobrepasa largamente
a la de las piedras preciosas.
El corazón de su marido está en ella confiado,
y no carecerá de ganancias.
Le da ella bien y no mal
todos los días de su vida (31:10-12).

¿Qué hacer? En el ámbito físico, ora. En tu cuaderno de oración, crea una página para ti como esposa. Enumera los cuatro roles de Dios para ti en esa página: ayuda, sometimiento, respeto y amor.[6] Mirar esos cuatro roles cada día y orar para practicarlos los mantendrá frescos en tu corazón.

¿Y prácticamente? Pregúntate constantemente: "¿Esta acción, decisión o conducta ayudará o estorbará a mi esposo?". ¿Cuál es tu meta? Así lo declara el proverbio anterior: "El corazón de su marido está en ella confiado... le da ella bien y no mal todos los días de su vida".

• Lecciones de Isaac para esposos •

1. *Mansedumbre es fortaleza bajo control.* Esta cualidad habla de una habilidad para permanecer calmado sin importar lo que pase. La mansedumbre también es una señal de piedad, y se encuentra en la lista del fruto del Espíritu en el Nuevo Testamento (Gá. 5:23). Un esposo piadoso debe ser un líder manso y apacible. Isaac es ejemplo de esta cualidad; podríamos decir que fue un hombre manso, un verdadero caballero.

Vemos esta virtud en Isaac cuando meditaba en un campo junto al camino que conducía a Canaán. Por esa ruta llegó Rebeca, al lugar donde Isaac caminaba y meditaba. La vemos de nuevo en su sensibilidad frente a la esterilidad de su esposa. Conmovido por su situación, oró por Rebeca, y Dios contestó su oración (Gn. 25:21).

La humildad es una cualidad bíblica muy noble que todo hombre debería cultivar y poseer. A la mayoría de las esposas les encantaría que sus esposos manifestaran un poco más de amabilidad y sensibilidad hacia sus necesidades y las de sus hijos. Pensar, reflexionar, meditar y orar son diferentes aspectos de lo que significa tener un corazón humilde.

Sin embargo, este mismo espíritu apacible puede tener su lado oscuro. Al igual que su padre Abraham, Isaac le pidió a su esposa Rebeca fingir que eran hermanos por temor a que lo mataran por su belleza (26:7). La conducta de Isaac sirve de advertencia: un espíritu apacible de mansedumbre es noble hasta que se convierte en un espíritu pasivo que es incapaz de liderar, tomar decisiones, defender lo que es correcto, verdadero y benigno. Y en el caso de Isaac, ser incapaz de proteger el honor y la seguridad de su esposa. Cultiva la virtud de la mansedumbre, recordando que es fortaleza bajo control.

2. *Echa mano al poder de la oración.* Isaac era un esposo especial en dos sentidos. Era, como nos dice Génesis 24:67, un esposo que "amó" a su esposa, y también oró por ella (25:21). Rebeca fue estéril durante muchos años, lo cual fue motivo de gran preocupación para ambos. Isaac sabía que solamente Dios podía intervenir y solucionar el problema.

Al igual que Isaac, tú debes ser un esposo que intercede a favor de tu esposa. Este es un papel clave y una responsabilidad que tienes como esposo cristiano. Ora por ella y por sus múltiples responsabilidades. Sus necesidades e inquietudes deben ser una máxima prioridad para ti como su esposo, su mejor amigo, y como líder. ¡Qué consolación y qué paz traen tus oraciones a tu alma gemela cuando ella sabe que al menos una persona, tú, ora por ella y es su guerrero de oración!

3. *Las emociones son buenas.* Quizá fue su humildad o su mansedumbre, pero Isaac tenía definitivamente un lado amable. No temía mostrar sus emociones y expresó libremente su amor por Rebeca.

Las expresiones de amor son fáciles y naturales en los recién casados. Todo es nuevo, fresco y emocionante.

Pero aun después de 20 años de matrimonio, Isaac seguía cuidando a Rebeca, y ese cuidado se manifestó en su intercesión para que ella tuviera un hijo. Más adelante, después de 35 o 40 años de matrimonio, cuando él y su familia se vieron amenazados por la hambruna y viajaron a Gerar para sobrevivir (este es también el lugar donde mintió diciendo que Rebeca era su hermana), Isaac manifestó amor físico a su esposa. De hecho, eso fue lo que sacó a la luz la mentira que había dicho al rey acerca de su relación con Rebeca: "Abimelec, rey de los filisteos, mirando por una ventana, vio a Isaac que acariciaba a Rebeca su mujer. Y llamó Abimelec a Isaac, y dijo: He aquí ella es de cierto tu mujer" (Gn. 26:7-9).

Tener un lado emocional es esencial para un esposo conforme al corazón de Dios. Es algo que te lleva a sentir profundamente, actuar con fortaleza y orar con fervor. Y te ayuda a seguir el mandato de Dios de vivir con tu esposa "sabiamente, dando honor a la mujer como vaso más frágil" (1 P. 3:7). Ser hombre significa que tal vez nunca entiendas a tu esposa completamente. Pero a medida que oras por ella, cuidas de ella y te esfuerzas por conocerla mejor, ella contará contigo. Serás más consciente de sus necesidades y más sensible para suplirlas. Estarás sintonizado con ella cuando su corazón se duele, o cuando tiene luchas físicas o emocionales.

4. *El amor necesita dirección.* En el mundo de la física, la materia nunca se desvanece, simplemente cambia de estado. El amor es como la materia. Nunca se desvanece, solo cambia de dirección. El amor de Isaac se dirigió por completo a su esposa durante por lo menos los primeros 20 años de su matrimonio. Su amor empezó como un matrimonio hecho en el cielo. Pero de alguna manera cambió de dirección. Después del nacimiento de los mellizos Jacob y Esaú, y cuando terminó la novedad y la dicha de por fin tener hijos, los afectos de los padres pasaron de la total adoración y amor… a un período de ajuste hacia una familia ampliada de cuatro… a un

enfriamiento de tomar partido por uno en detrimento del otro. Isaac redirigió su amor hacia su hijo favorito, Esaú, mientras que Rebeca prodigó su amor a Jacob. En algún lugar de las tormentosas aguas del matrimonio, esta pareja se distanció.

Tu amor como esposo debe dirigirse a tu esposa, y punto. Tu preocupación debe ser siempre: "¿Está mi amor completamente dirigido hacia mi esposa?". Un esposo sabio comprende que su matrimonio es una obra inacabada. Esto significa que tu deberás hacer tu parte para mantenerlo vivo y dinámico. Nunca puedes pensar que tu matrimonio *ha llegado* a su destino, que has alcanzado la etapa en la cual la felicidad reinará para siempre en tu relación sin esfuerzo alguno por tu parte. El matrimonio es un contrato abierto entre tú y tu esposa, y solo la muerte le pone fin.

Construyan un matrimonio duradero

El amor de un esposo y una esposa es un misterio increíble y maravilloso. El fuego de su amor no sustentará su matrimonio a menos que se alimente, avive y cuide constantemente ese fuego. Cuanto más lo alimenten, mayor será su llama. Bendíganse en su matrimonio. No se quejen diciendo que no tienen tiempo para invertir en él. Saquen el tiempo, y tendrán un matrimonio hecho en el cielo.

4

Jacob y Raquel

Amor para toda la vida

Así sirvió Jacob por Raquel siete años;
y le parecieron como pocos días,
porque la amaba.
GÉNESIS 29:20

En nuestro último encuentro con Jacob, ¡casi lo único que vimos es la polvareda que dejan sus pisadas! Estaba corriendo para poner a salvo su vida. Recorrió más de 600 kilómetros entre la arena ardiente del desierto para huir y salvarse de la ira asesina de su hermano Esaú.

¿Por qué? ¿Por qué abandonaría Jacob la casa de su infancia? ¿A sus padres Isaac y Rebeca? ¿A su hermano, su hermano mellizo?

Desde que Jacob nació, el hogar de su infancia había sido una casa dividida. Uno de los padres amaba a un hijo, y el otro amaba al segundo. Cuando le llegó el momento a Isaac de bendecir al mayor, el mellizo primogénito, con la porción escogida de su herencia y la promesa del favor constante de Dios, prevaleció la tensión, la traición y el engaño.

Pero Rebeca quería que Jacob se quedara con esta bendición. Ella y Jacob habían planeado juntos engañar a Isaac, y despojar a Esaú de la herencia que le correspondía. La única solución a esta contienda familiar fue que Jacob, el amado hijo de Rebeca, abandonara la casa para salvar su pellejo. De modo que huyó para salvarse. Puesto que su hermano había amenazado con matarle, los padres de Jacob le enviaron a la casa de los parientes de Rebeca, donde podría encontrar esposa.

Jacob no había avanzado mucho cuando se enteró por un sueño de que Dios lo acompañaba. A través del sueño, Dios reafirmó su pacto con Jacob (hecho inicialmente a Abraham) y con su familia, y juramentó: "He aquí, yo estoy contigo, y te guardaré por dondequiera que fueres, y volveré a traerte a esta tierra" (Gn. 28:15). Este mensaje alentador y consolador llegó en el momento más indicado cuando Jacob huía hacia un futuro incierto sin hogar, sin un centavo y sin un solo amigo.

Cuando Jacob se despertó, ¡era en efecto un nuevo día! Sus temores fueron reemplazados por una poderosa promesa para su futuro. Armado con la seguridad que Dios mismo le había comunicado de estar a su lado, Jacob recorrió los más de 600 kilómetros de árido desierto hasta Harán, la tierra de su familia materna. Fue un viaje largo y solitario, pero al fin, *por fin*, divisó un oasis donde los pastores daban de beber a sus rebaños.

Lo que sucedió después sería el comienzo perfecto para una novela o una película de éxito. Ahora veremos cómo el engañador (porque ese es el significado del nombre Jacob, un nombre conforme al cual vivió) pasa a ser el engañado.

Hechos de las Escrituras

Amor a primera vista (Génesis 29:1-12)

Por fin Jacob llegó a un abrevadero cerca de la tierra de su familia materna en Harán. Recuperando el aliento después de una ardua travesía, él, un hombre con una misión, preguntó de inmediato por la familia de su madre. Su madre le había dado instrucciones precisas: "hijo mío, obedece a mi voz; levántate y huye a casa de Labán mi hermano en Harán, y mora con él algunos días, hasta que el enojo de tu hermano se mitigue… yo enviaré entonces, y te traeré de allá" (Gn. 27:43-45).

Cuando Jacob les preguntó a los pastores por la familia de su madre, le dieron buenas noticias: su tío Labán efectivamente estaba allí, vivo y con buena salud. De hecho, su hija Raquel se acercaba ahora al pozo con las ovejas de la familia. Jacob lanzó una mirada a esa Raquel… y quedó flechado. Perdidamente. Una beldad de la región, Raquel es descrita como una mujer "de lindo semblante y de hermoso parecer" (29:17).

Jacob no pudo resistir la tentación de ponerse a alardear. Corrió al pozo y con una sola mano levantó la piedra que lo tapaba para que los pastores pudieran dar de beber a sus rebaños. Luego se presentó ante Raquel y, en un arranque de emoción, la besó, levantó su voz y lloró. A partir de este punto la única misión de Jacob en la vida fue ganarse a Raquel como esposa. Luego se mudó con Labán y pasó un mes con la familia de él, que incluía a sus dos hijas: la hermosa Raquel y la hermana mayor, Lea.

Se fija una dote (Génesis 29:15-18)

Sí, Jacob quedó enamorado, tal vez *demasiado* enamorado. Quedó completamente pasmado con la belleza de Raquel. Ciertamente nada tiene de malo el "amor a primera vista", y en este caso no hubo planeación paterna alguna para un matrimonio arreglado. No obstante, algo crucial faltaba: la Biblia no dice que Jacob hubiera consultado a Dios antes de comprometerse a casarse con la hermosa Raquel. Con nada para ofrecer, ni riqueza ni herencia, su intenso amor por Raquel lo llevó a venderse a sí mismo a Labán como dote para pedir su mano en matrimonio. Hizo un compromiso a largo plazo de trabajar durante siete años para su tío Labán a fin de poder casarse con Raquel.

El poder del amor (Génesis 29:18-21)

Este capítulo de la Biblia es la segunda instancia en que Dios menciona que un hombre amaba a su esposa (la primera es Isaac y

Rebeca). O en el caso de Jacob, su futura esposa: "Y Jacob amó a Raquel" (v. 18).

¿Cuánto amó Jacob a Raquel? La respuesta podría ser una de las declaraciones más extraordinarias que se han escrito acerca del poder del amor: Jacob amó tanto a Raquel que sirvió siete años por ella, y "le parecieron como pocos días, porque la amaba" (v. 20). Y cabe agregar que un vistazo al futuro de su relación deja ver que el amor de Jacob por Raquel pasó la prueba del tiempo.

¡Siete años! Eso fue lo que duró el compromiso de Jacob. Y mientras esperaba, su corazón nunca vaciló. Su impresión visual de amor a primera vista floreció para convertirse en un fuerte lazo y un compromiso total. Un flechazo, un amor adolescente o deseo es egoísta e inmaduro, y se apresura a obtener lo que quiere. Su lema es: "Te amo por lo que puedo obtener de ti; ahora". Pero el verdadero amor dice: "Tu felicidad es lo que más quiero, y estoy dispuesto a esperar, si es necesario, para asegurarme de que es lo mejor para ti". Una de las mayores pruebas del verdadero amor es estar dispuesto a esperar.

El engañador es engañado (Génesis 29:21-30)

¿Cómo dice el versículo? "Vuestro pecado os alcanzará" (Nm. 32:23). También existe el refrán: "el que la hace la paga". Pues bien, eso fue lo que le pasó a Jacob.

Jacob no era ajeno al engaño. Había engañado magistralmente a su hermano Esaú, para robarle la primogenitura. Y ahora le toca el turno a Jacob: su tío es el que engaña y Jacob es la víctima. Después de todos esos años, ¡siete en total! Labán salió con el engaño más descomunal e intercambió a sus hijas en el momento de la boda... ¡y Jacob se despertó casado con otra mujer!

¿Cómo sucedió esto? Pues bien, evidentemente Labán había convencido a la "otra mujer" para seguir el engaño. Esa sería Lea, la hermana mayor. Génesis 29:17 nos dice que "los ojos de Lea eran delicados", lo cual señala que tenía algún defecto físico. Ella se cubrió con un velo. ¡Y Labán tal vez se aseguró de que Jacob bebiera suficiente vino! Y al fin, los recién casados fueron escoltados hasta una tienda oscura, ¡y listo! Labán casó a su hija solterona, la mayor, con Jacob.

No nos sorprende descubrir que Jacob no amara a Lea, a pesar de que ahora fuera su esposa. La Biblia dice en dos ocasiones que Lea era "menospreciada" (vv. 31, 33). Y Jacob no se dio por vencido en su misión de casarse con Raquel. Los engaños de su tío Labán no le desalentaron. Cuando Jacob confrontó a Labán por lo que había hecho, Labán ofreció darle a Raquel por *otros* siete años de servidumbre.

¿Qué significó eso para Jacob? Que en cuestión de dos semanas nada más tenía dos esposas, *y* había acordado servir siete años más de arduo trabajo.

¡Es imposible que esto termine bien! Nos horroriza ver cómo uno de los hijos escogidos de Dios, uno de los patriarcas de la Biblia, termina en una relación bígama. Esta no era la voluntad perfecta de Dios ni entonces, ni ahora, ni nunca. Como vimos con Adán y Eva, Dios diseñó un hombre para una mujer (Gn. 2:24).

Ten cuidado con lo que deseas (Génesis 29:31—30:34)

Esta relación superpoblada que nunca debió existir, un hombre casado con dos hermanas, fue de mal en peor: Lea tuvo varios hijos y Raquel era estéril. Entre tanto, en medio de este lío estresante, el verdadero carácter de Raquel salió a relucir. Ella se volvió más y más celosa de su hermana, y posiblemente se convirtió en la primera "diva del teatro". ¿Te imaginas a Raquel, de pie con su cabeza hacia atrás y sus manos cubriendo los ojos, gritando: "¡Dame hijos , o si no, me muero!" (30:1)? No solo ella culpaba a Jacob por el hecho de no tener hijos, sino que básicamente lo que quería decir era: "Preferiría estar muerta que vivir con este estigma de la esterilidad".

He aquí una mujer que tenía casi todo lo que podía desear: belleza, riqueza, un esposo amoroso. Y aun así no era suficiente. Raquel se volvió envidiosa, egoísta, malhumorada, quejumbrosa, insatisfecha y exigente. Aunque al fin dio a luz a dos hijos, el pecado de la ingratitud ya había amargado su relación con su esposo, y con su hermana.

El matrimonio de Jacob con Raquel sirve como ilustración de lo que es una esposa insatisfecha. Y es triste decir que muchos esposos y esposas hoy día son igualmente ingratos. Se culpabilizan mutuamente e incluso a Dios cuando no hay hijos, o cuando algo sale mal. Los consume la frustración y buscan de inmediato un culpable.

Y cuando ya tienen hijos, o el problema se ha resuelto, ¡estas parejas siguen insatisfechas! Ahora están ansiosos porque los hijos dejen el nido para ellos seguir con su vida. O en lugar de recordar otras maneras en que Dios ha suplido sus necesidades, se angustian por otra cosa que quieren o que les falta. Están insatisfechos con su trabajo, con su paga, con su casa, con su lugar de trabajo.

¿Cuál es la solución? La Biblia dice que debemos limitar nuestro enfoque: "Pero gran ganancia es la piedad acompañada de contentamiento; porque nada hemos traído a este mundo, y sin duda nada podremos sacar. Así que, teniendo sustento y abrigo, estemos contentos con esto" (1 Ti. 6:6-8). La Biblia nos dice que el contentamiento es algo en lo que debemos trabajar y aprender. Como escribió el apóstol Pablo: "He *aprendido* a contentarme, cualquiera que sea mi condición" (Fil. 4:11).

Como un equipo de esposos, deben estar atentos a cualquier veneno de descontento en su matrimonio. Si lo detectan, reconózcanlo. Confiésenlo. Y luego trabajen juntos para afrontarlo. Busquen la ayuda de Dios para vencer este elemento que paraliza el matrimonio. ¡Imaginen el gozo que llenará su hogar y su matrimonio cuando canten alabanzas a Dios por su bondad y su provisión de cada día para con ustedes!

Una familia sin líder espiritual (Génesis 31—35)

Estamos hablando de Jacob, ¿cierto? El Jacob de Abraham, de Isaac, y Jacob, de los patriarcas de la Biblia, ¿no es así? ¿Por qué supondríamos que Jacob no fue un líder espiritual de su familia? Después de todo, ¿no era él un hombre elegido por Dios? ¿No habló Dios mismo con Jacob en su camino hacia Harán? ¿Y también de regreso a su patria? ¿Y otra vez cuando llegó a la tierra de Canaán?[7]

Sí, Jacob era el hombre de Dios. Hablaba con Dios, fue tocado por Dios y fue instruido por Dios. Sin embargo, por alguna razón, su relación con Dios no logró influir en la vida de sus esposas y de sus hijos. Jacob tenía una historia personal muy poderosa con Dios, pero esa historia no fue transmitida con éxito a su familia. Observa algunos pocos ejemplos que evidencian la falta de influencia espiritual que tuvo Jacob sobre su familia. (Y a manera de advertencia, son horribles).

- Jacob también engendró hijos con las dos siervas de Raquel y de Lea, Bilha y Zilpa (30:4, 9).
- Raquel tomó y llevó consigo los ídolos de la casa de su padre cuando se preparaba para regresar a su casa en Canaán (31:19).
- Dos hijos de Jacob mataron a los hombres de Siquem, y el resto de sus hijos saquearon la ciudad de Siquem porque Jacob había sido negligente en confrontar a los hombres que habían violado a su hija Dina (34).
- Por envidia, los hijos de Jacob conspiraron para matar a su hermano José, pero finalmente acordaron venderlo como esclavo (37:12-36).
- Rubén, el primogénito de Jacob, se acostó con Bilha, concubina de Jacob (35:22).

Solo después de ocho años de que la familia de Jacob se hubiera establecido en su tierra natal (Canaán), al fin Jacob les mandó deshacerse de sus dioses falsos (Gn. 35:2). Pero fue demasiado tarde. Sus hijos ya eran adultos y habían aprendido algunas prácticas religiosas de sus madres (¿ya mencionamos que eran cuatro?). Jacob pudo proseguir y expulsar todos los ídolos y las joyas religiosas, pero la historia demostró que sus descendientes todavía tenían problemas de idolatría.

Al final, la preocupación espiritual de Jacob por su familia fue muy poca, muy tardía. El daño estaba hecho, y tuvo consecuencias duraderas. De hecho, las 12 tribus de Israel (una tribu por cada uno de los hijos de Jacob) fueron idólatras durante otros mil años. Por desdicha, en la vida y en el hogar de Jacob vemos los resultados devastadores de la falta de liderazgo espiritual fuerte por parte del patriarca y cabeza de familia.

Síntesis

La unión de dos personas en matrimonio puede estar llena de retos, ¡aunque esto es poco decir en el caso de Jacob y Raquel! Su unión se vio frustrada por mentiras, un suegro confabulador, dos esposas, dos concubinas, y 12 hijos en su mayoría agresivos y celosos, belicosos. Ninguna telenovela podría compararse con toda la angustia, las emociones, las aflicciones y el drama que este clan vivió a diario.

Incluso en un matrimonio libre de esos problemas, dos individuos que piensan que se conocen antes de la boda, por lo general descubren de repente que viven con otra persona, con un extraño. Después del intercambio de votos matrimoniales y de la emoción del afecto manifestado en la ceremonia, y cuando ha pasado la luna de miel, la vida cotidiana se las ingenia para desenterrar la verdadera persona que se esconde detrás de esos ojos brillantes.

A diferencia de ti, Jacob se despertó cada mañana frente a dos esposas y dos concubinas. Y después de casarse con Lea por causa de los engaños de Labán, por fin se casó con Raquel, la mujer que quería. El designio de Dios es una mujer y un hombre en matrimonio. Seguramente Jacob hubiera podido aprender a amar a Lea, de la misma manera que su padre Isaac había amado a su novia Rebeca, a quien nunca había visto ni conocía. Y he aquí la paradoja: con el tiempo, Lea terminó siendo una mejor esposa para Jacob que Raquel.

Según la Palabra de Dios, tú debes amar incondicionalmente a tu pareja, y esforzarte por ser un esposo o esposa como Dios quiere. Después de casarse empieza el verdadero trabajo de mantener la relación. Piensa en tu matrimonio como un regalo del Señor bien empacado. Su verdadero valor y gusto vienen después de que el regalo se abre y dedican tiempo a disfrutarlo.

• Lecciones de Raquel para esposas •

1. *Cuando tengas que esperar, sé útil.* Raquel era una doncella a la espera de su príncipe. Era una mujer muy joven, tal vez una adolescente, que ayudaba en el negocio familiar de apacentar ganado. Su vida y su futuro estaban suspendidos a la espera de poder casarse. ¿Cómo podía Dios obrar en su vida? De la misma manera que obra hoy: usó personas, sucesos y circunstancias.

Un día en particular, Dios usó los tres tipos de catalizadores (personas, sucesos y circunstancias) para encaminar la vida de la joven Raquel. El suceso fue la llegada de su primo Jacob de un país lejano. La circunstancia fue la hora y el día para sacar agua del pozo local para dar de beber a las ovejas. En cuanto a las personas, Dios usó los lazos familiares entre Raquel y Jacob para unirlos y para introducir la posibilidad del matrimonio.

Cuando tu vida está suspendida, cuando estás en modo de espera, traza metas para ti. Busca estar ocupada. Sé fiel. Escoge un proyecto. Sé útil para otros. Yo (Elizabeth) conozco muchas esposas de misioneros y militares que han aprendido a mantenerse ocupadas para mejorar sus vidas y ayudar a otros. Lo mismo sucede con mis amigas cuyos esposos viajan con frecuencia por su trabajo.

Haz un rápido inventario del patrón de tus días, de las personas, sucesos y circunstancias que son característicos de tu vida. Aun si estos elementos no son ideales, puedes dar gracias a Dios porque Él ha prometido obrar para bien "todas las cosas", lo cual incluye las personas problemáticas, los sucesos traumáticos y las circunstancias difíciles (Ro. 8:28). Dios siempre obra, a veces de manera evidente como en el caso de Raquel, o a veces en forma encubierta.

2. *Tu belleza interior es la más importante.* La belleza de Raquel era superficial. Se la describe como una mujer de lindo semblante y

hermoso parecer, pero hasta ahí llegaba su belleza. Era una mujer quejumbrosa, engañadora, mentirosa, que no asumía su responsabilidad. Lo tenía todo, y a pesar de eso era "envidiosa, egoísta, malhumorada, dramática, ingrata y exigente".[8]

En cambio, su hermana Lea no era hermosa. Tenía ojos delicados (Gn. 29:17), algún tipo de defecto físico. Y a pesar de tener imperfecciones y ser menospreciada, fue mejor esposa para Jacob que Raquel con su imponente belleza.

La Biblia habla mucho acerca de la persona interior, del "incorruptible ornato de un espíritu afable y apacible, que es de gran estima delante de Dios" (1 P. 3:4). La belleza exterior se desvanece pronto, pero si tú desarrollas una belleza interior acercándote al Señor y siguiéndole de todo corazón, tu vida le glorificará. Serás alabada no solo por Dios, sino por tu esposo y tus hijos también. "Engañosa es la gracia, y vana la hermosura; la mujer que teme a Jehová, ésa será alabada" (Pr. 31:30).

3. *Alimenta tu fe diariamente.* Raquel tenía un concepto muy débil de Dios, y eso echó a perder parte de su vida. Ella creció en una cultura pagana, y en su hogar había ídolos paganos. Durante los primeros siete años de su matrimonio con Jacob, Raquel culpó a todo el mundo, incluso a su esposo, de su incapacidad para tener hijos. A Jacob le lloró: "dame hijos, o si no, me muero" (Gn. 30:1). Incluso recurrió a la superstición y usó una planta (las mandrágoras) como posible remedio para quedar embarazada. Esto tampoco funcionó.

Solamente después de haber dado a luz a José, su hijo, Raquel atribuyó, como era debido, su maternidad al Señor: "Dios ha quitado mi afrenta" (30:23). Sin embargo, cuando la familia huyó de su padre Labán, ella en secreto robó los ídolos de la familia (31:19). ¿Por qué lo hizo? ¿Quizá porque se iba lejos de su ambiente familiar y quería llevar consigo algunos "recordatorios" de casa? ¿O quería encubrir todas sus creencias? ¿O había creído la mentira pagana de que esos ídolos podían ayudarle a solucionar sus problemas de fertilidad?

Parece que una fe sólida estaba fuera del alcance de Raquel. No era que Dios hubiera faltado en bendecir o proveer. Después de todo, su esposo Jacob era muy exitoso y, para entonces, ella había dado a luz un hijo. ¿Por qué desearía Raquel regresar entonces a su antigua religión?

¿Y qué de ti? ¿Qué tanto te identificas con Raquel y su apocada fe? ¿Qué tan fuerte o débil es tu concepto de Dios? ¿Actúas y vives como si creyeras en Él y confías en Él plenamente, o crees en ti misma y confías en tus propias capacidades? Lo que crees acerca de Dios determina tu conducta.

Examina tu vida y la evidencia de tu fe. Pide a Dios que examine tu corazón. Luego presta atención a lo que Él revela. Alimenta tu fe diariamente aprendiendo de primera mano en la Palabra de Dios acerca de su poder, sus promesas y su provisión. Serás una ayuda y una madre más fuerte, una verdadera roca de Gibraltar, en la que tu familia puede apoyarse y con la que puede contar.

4. *Mantén una actitud de gratitud.* Raquel fue bendecida con un esposo muy trabajador que la amaba y suplía sus necesidades. A pesar de eso, ella vivía insatisfecha. ¿Por qué? Porque se fijaba en la única cosa que no tenía: un hijo. Y lo curioso es que con el mismo respiro con que puso nombre a su hijo José, ¡pidió más hijos! Esto dijo: "Añádame Jehová otro hijo" (Gn. 30:24).

Las parejas se pueden sentir confundidas o enojadas con Dios cuando sus sueños no se cumplen. Y aun cuando los sueños se hacen realidad, para algunos no es suficiente. No es un secreto que algunas parejas están insatisfechas o descontentas con sus casas, trabajos, o la cantidad de dinero que tienen actualmente, o el que no tienen. Y la lista de sus reclamos sigue.

El pecado de la ingratitud ha contaminado a un sinnúmero de matrimonios.

La sociedad actual fomenta un espíritu de insatisfacción. Por consiguiente, debes esforzarte por ignorar al mundo y sus impulsos egoístas. Cambia ese ciclo rompiendo el hábito del negativismo y la queja. Tienes miles de promesas de Dios a las cuales te puedes aferrar, entre ellas la vida eterna. Si reconoces que la enfermedad de la ingratitud está presente en tu matrimonio, busca rápidamente el perdón de Dios y su ayuda para vencerla. Pide a Dios que abra tus ojos para que puedas identificar tus bendiciones presentes. Son muchas, ¡más de las que puedes contar! Luego da gracias. Desarrolla el hábito de alabar a Dios. Estas respuestas nuevas y positivas te impulsarán hacia una actitud de gratitud.

• Lecciones de Jacob para esposos •

1. *Deja que tu esposa vea quién eres realmente.* Jacob no temía mostrar sus emociones. En una época en que los hombres no solían dejar ver sus emociones, Jacob fue extremadamente expresivo. Después de su travesía de más de 600 kilómetros, estaba tan feliz de encontrar a un pariente que inmediatamente besó a Raquel y lloró a voz en cuello. Y amó a Raquel como su padre Isaac amó a Rebeca. Jacob también demostró abiertamente su dolor cuando pensó que su hijo José estaba muerto. Rasgó sus vestiduras, se vistió de cilicio y cenizas y lloró su muerte durante muchos días, negándose a recibir consuelo (Gn. 37:34-35).

Sí, Jacob era un hombre emocional, y sin duda puedes aprender de su ejemplo de expresión libre de las emociones. Dios te ha dado sentimientos, así que permite a tu esposa verlos. Una de las principales quejas de las esposas respecto a sus esposos es la falta de expresividad de ellos. Ellas no saben o no están seguras de lo que sus esposos piensan, sienten o necesitan.

Esto nos recuerda la importancia de la comunicación en el matrimonio. Deja que tu esposa vea quién eres realmente. Dios quiso que los dos fueran uno, pero a menos que permitas que tu esposa vea lo que hay en tu interior, tu verdadero yo, y conocerte de verdad, estarás reteniendo algo que los acercaría como esposos para ser amigos más cercanos, los mejores amigos.

2. *Disponte a velar por los intereses de los demás.* Esta es una traducción práctica de Filipenses 2:4.[9]

Jacob era egoísta. Es difícil disimular el hecho de que era un egoísta niño mimado. Él quería la primogenitura de Esaú y la tomó (sin importar todas las mentiras y engaños, y la codicia necesaria para lograrlo). Quería la bendición de su padre, y permitió que una madre voluntariosa le ayudara a engañar a su padre. Quería a Raquel, y no le importó herir a alguien más para obtenerla. Quería riqueza, y mostró poco interés en su familia para alcanzarla.

¿Seguimos con la lista? La tragedia es que Jacob logró todo lo que buscaba, pero perdió a su familia en el camino. Dios llama a su pueblo, a los que somos esposos, a disponernos a velar por los intereses de los demás, a ser dadores, hacedores de bien, a amar de manera sacrificada, a trabajar con diligencia y a proveer para nuestra familia. Y Jesús nos llama a caminar la segunda milla. Como esposos, no imitemos el egoísmo de Jacob. Más bien alejémonos de nuestras tendencias egoístas y busquemos sacrificarnos por nuestra esposa y por nuestros hijos. Los resultados serán gratificantes, y Dios te bendecirá a ti y a tu familia.

3. *Sé consciente de quién es el número uno.* El amor de Jacob estaba dividido. Es lamentable que la bigamia fuera una práctica común en tiempos del Antiguo Testamento. Sin embargo, presenta varios problemas a nivel de relaciones. Es imposible amar a dos personas con la misma intensidad o, en el caso de Jacob, a cuatro personas (sus dos esposas más sus dos concubinas, todas ellas madres de sus hijos).

En lo que respecta a ti y a tu esposa, es clave que conozcas y vivas conforme a tus prioridades. Es fácil para un hombre distraerse con su carrera, sus pasatiempos, sus deportes, y dejar a un lado su amor por su esposa. Como esposos estamos llamados a manifestar un amor profundo y sacrificado que está dispuesto a darlo todo, incluso la vida, por la persona amada. Nada debe interponerse entre tú y tu amada esposa. Ni tu carrera, ni tu trabajo, ni un pasatiempo, o ministerio, o incluso tus hijos. Ella es la número uno en tu lista de amor. Esposos, tomemos las siguientes decisiones:

- Decido decirle a mi esposa “te amo” cada día.
- Decido manifestarle mi amor mediante mis acciones.
- Decido nutrir mi amor por mi esposa.

4. *Sé el líder espiritual que estás llamado a ser.* No puedes pasar por alto el hecho de que la fe de Jacob en Dios no fue transmitida a su familia. ¡Cuántas historias tenía para contarles acerca de sus encuentros personales con Dios! No obstante, fue incapaz de instruir a su familia en los caminos de Dios. Vivir en una tierra pagana y en medio de familiares incrédulos no difiere mucho de lo que tú afrontas en tu propia familia, vecindario o lugar de trabajo.

La responsabilidad de proveer liderazgo espiritual recae ante todo en el hombre de la familia: el esposo, el padre. ¿Qué estás haciendo para educar a tu familia y asegurar que se transmitan los fundamentos de la fe? Es fácil enredarte tanto en tus propias ocupaciones que descuides aportar una fuerte dirección espiritual para tu familia.

No tienes que ser un estudiante de seminario ni un líder de estudio bíblico para proveer dicho liderazgo. Empieza con tu esposa. Asegúrate de que se reúnan para leer la Palabra de Dios. ¿Cómo? Escoge una guía devocional. Vean un mensaje en vídeo o escuchen una grabación de una enseñanza bíblica acerca del matrimonio, y hablen de lo que han aprendido. Asistan a una clase de escuela dominical o de estudio bíblico. Cualquiera que sea su decisión, esfuérzate para que se lleve a cabo.

Después, asegúrate de hacer lo mismo con tus hijos. Deuteronomio 6:7 dice que los padres deben ser fieles en enseñar a sus hijos acerca de Dios y de su Palabra a lo largo del día, durante las rutinas diarias. Que tus hijos vean y sepan que Dios es una parte importante de tu vida, la más importante. Si no has empezado a dirigir a tu familia hacia Cristo, nunca es demasiado tarde. ¡Empieza hoy!

5. *Recuerda que unidos prevalecen, divididos caen.* Jacob estaba irremediablemente atado a sus parientes políticos, y más específicamente a su suegro Labán. Se casó con dos de sus hijas. Fue contratado para trabajar para Labán siete años más para poder casarse con Raquel. Y estaba financieramente ligado a Labán. Para cuando Jacob rompió sus lazos con Labán, ya había trabajado 20 años para él. Y lo peor de todo, durante esos 20 años la familia de Jacob estuvo inmersa en la cultura y las creencias paganas de Labán.

Todos los estudios demuestran que de todos los problemas que afronta un matrimonio, ya sea recién casados o parejas con décadas de experiencia, los problemas con los familiares políticos ocupan el primer o segundo lugar. La principal razón de este conflicto es, por lo general, que uno de los cónyuges no deja a su familia para unirse a su pareja. En Génesis 2:24 Dios instruye a los esposos con estas palabras: "Por tanto, dejará el hombre a su padre y a su madre, y se unirá a su mujer, y serán una sola carne".

Si tienes problemas con parientes políticos, siéntate a conversar tranquilamente con tu esposa acerca de ello. Comuníquense acerca de sus parientes, y esto incluye cuñados y cuñadas. Oren y planeen qué pueden o deben hacer, y qué cambios deben implementar. El objetivo es escucharse mutuamente y luego establecer algunas pautas o parámetros juntos para que estén de acuerdo. ¿Cuál es la meta? Asegúrense de que su familia extendida no se interponga entre ustedes como pareja. Los dos han de ser una sola carne. Y como dijo Jesús: "lo que Dios juntó, no lo separe el hombre" (Mt. 19:6).

Construyan un matrimonio duradero

¿Se preguntan qué pueden aprender de la relación de Jacob y Raquel? Por desdicha, las lecciones son más bien negativas. Enfoquémonos entonces en algunas fundamentales.

Primero, un fundamento firme es vital. Para que un matrimonio y una familia perduren, deben edificarse en amor: amor a Dios y amor mutuo.

La familia de Jacob se descarrió porque no siguieron el plan de acción de Dios, ¡en absoluto! El plan de Dios para ustedes es comprometerse por completo con una sola persona: tu pareja. ¿Quieren que su matrimonio sea fuerte? Entonces sigan el plan de acción de Dios y hagan el trabajo necesario para ser una pareja conforme al corazón de Dios. Sean fieles a su pareja.

Luego tomen las herramientas para su matrimonio, y echen mano de nuevo a la comunicación. Si pueden hablar acerca de sus problemas, pueden solucionarlos, aun si están de acuerdo con que la solución es buscar consejo para ayudarles a avanzar.

Un matrimonio que se centra en seguir a Dios de todo corazón, que está dedicado al cien por ciento al cónyuge, lo cual incluye tratar todos los asuntos que amenazan su relación matrimonial, se convertirá en un matrimonio duradero.

5

Manoa y su esposa

Mejores amigos para siempre

Su paladar, dulcísimo,
y todo él codiciable.
Tal es mi amado, tal es mi amigo.
CANTAR DE LOS CANTARES 5:16

Manoa refunfuñaba en la fila con todos sus vecinos mientras esperaba que el fornido filisteo afilara sus herramientas de labranza. Así era la vida diaria desde la conquista filistea hacía casi 20 años. Para asegurarse de que los israelitas no fabricaran ni almacenaran armas afiladas, se les prohibía tener los medios para mantener o afilar sus propias herramientas de trabajo. Estaban totalmente oprimidos por este pueblo belicoso que no se contentaba con sus ganancias del comercio marítimo. Los filisteos también querían las ganancias y las cosechas que provenían de la rica tierra agrícola de Israel.

Con solo asomarse a la fila de personas delante de él, Manoa supo que le esperaba un largo día. Como de costumbre, el tiempo de espera le llevaba a pensar en su mejor amiga, que era precisamente su esposa. Tal vez era la ocupación de su tierra a manos de los opresores filisteos, o la "condición" de su esposa, pero algo los había mantenido a él y a su esposa estrechamente unidos durante todos esos años. El suyo era un matrimonio único, y Manoa ya estaba ansioso por volver a su esposa, quien se sentía probablemente tan sola como él. La pareja no tenía hijos, y la comunidad consideraba que la esposa de Manoa estaba bajo maldición, y era rechazada socialmente. Se la consideraba una inadaptada. A Manoa le alegraba que su amor y su compañía le hubieran ayudado a ella a llenar el vacío en su corazón causado por su esterilidad y por el hecho de ser una marginada social.

Hechos de las Escrituras

La desobediencia de Israel (Jueces 13:1)

Tal vez pienses que los hijos de Israel habían aprendido su lección: obediencia a Dios significa bendiciones de Dios; desobediencia a Dios significa el juicio de Dios. Durante varios cientos de años Israel había pasado por varios ciclos de pecado, servidumbre, súplica y salvación (ver Jue. 1—12). Y otra vez había sucedido, y estaban en la fase de servidumbre. El pobre Manoa era uno más entre los miles que soportaban la opresión por causa de la decadencia moral de la nación.

Aparición angelical n.º 1 (Jueces 13:2-5)

¡Aférrate a tu silla! Estás a punto de ser testigo de uno de los acontecimientos más inusuales en la historia del Antiguo Testamento: ¡la aparición del ángel del Señor! Está a punto de aparecerse a una mujer cuyo nombre nunca se menciona, la mujer conocida como la señora de Manoa. Ella debió de ser una dama muy especial para recibir esta clase de atención divina, ¡y no solo una sino dos veces! Esto es lo que el ángel del Señor dijo a nuestra heroína, la esposa de Manoa:

> *Declaró algo que era evidente:* "tú eres estéril" (v. 3)
> *Declaró una profecía:* "concebirás y darás a luz un hijo" (v. 4).
> *Declaró una precaución:* "no bebas vino ni sidra, ni comas cosa inmunda" (v. 4).

Declaró una separación: "navaja no pasará sobre su cabeza, porque el niño será nazareo... desde su nacimiento" (v. 5).

Declaró un destino: "él comenzará a salvar a Israel de mano de los filisteos" (v. 5).

Al señor y la señora Manoa se les concedió el honor de ser los padres de un hijo excepcional a quien llamarían Sansón. Él serviría a Dios y a Israel como juez durante 20 años. Sus impresionantes hazañas empezaron verdaderamente a librar al pueblo y la tierra de Israel de sus enemigos acérrimos, los filisteos.

Amiga leal y esposa (Jueces 13:6-8)

El ángel del Señor dio a la esposa de Manoa instrucciones muy precisas y específicas acerca del nacimiento y la crianza de este singular hijo que pronto iba a nacer. También explicó el propósito del niño. De inmediato, la señora de Manoa buscó a su esposo y le contó lo que el hombre de Dios le había dicho y las instrucciones acerca de cómo debían criar al niño (v. 7).

¿Cuál fue la respuesta de Manoa? Él nunca puso en duda lo que su esposa le contó. Nunca dudó ni por un momento de su relato asombroso. Lo creyó por completo, y confió en lo que su esposa le comunicaba.

Luego, como un futuro padre que muestra preocupación, Manoa buscó a Dios por sí mismo, no con duda, sino para pedirle la sabiduría que necesitaba para criar a ese niño especial. Él oró: "Ah, Señor mío, yo te ruego que aquel varón de Dios que enviaste, vuelva a venir a nosotros, y nos enseñe lo que hayamos de hacer con el niño que ha de nacer" (v. 8).

Aparición angelical n.º 2 (Jueces 13:9-12)

Manoa oró pidiendo otra visita del ángel del Señor. Y Dios contestó su oración. Una vez más, el ángel del Señor se apareció a la esposa de Manoa mientras ella estaba sola en el campo. Esta vez ella "corrió prontamente" para llevar a Manoa al campo para ver "aquel varón... que se me ha aparecido... que vino a mí el otro día" (v. 10).

Una vez más, Manoa tuvo una respuesta positiva, exenta de duda y de juicio, y escuchó a su esposa. Cuando llegó donde estaba el hombre, le dijo: "¿Eres tú aquel varón que habló a la mujer?". Después de que el ángel del Señor lo confirmase, Manoa preguntó: "¿cómo debe ser la manera de vivir del niño, y qué debemos hacer con él?" (v. 12).

Una segunda serie de instrucciones (Jueces 13:13-14)

Manoa pidió dirección, y la obtuvo. Habló cara a cara con el Hombre de Dios, quien le dijo que su esposa tenía la clave del futuro de su hijo. El ángel del Señor dijo: "La mujer se guardará de todas las cosas que yo le dije. No tomará nada que proceda de la vid; no beberá vino ni sidra, y no comerá cosa inmunda; guardará todo lo que le mandé" (vv. 13-14). Estas instrucciones eran parte del voto nazareo, el cual hacían los hombres y las mujeres que eran apartados para el servicio a Dios. En otras palabras, el ángel del Señor declaró que el hijo de Manoa sería nazareo, apartado para ser usado por Dios (ver Nm. 6).

Un descubrimiento final (Jueces 13:15-24)

Con un corazón lleno de gratitud a Dios, Manoa quiso ofrecer la hospitalidad característica de Oriente Medio. Ofreció alimentar al mensajero, sin saber que era el ángel del Señor. Entonces el ángel del Señor le indicó a Manoa ofrecer a cambio los alimentos al Señor. Mientras Manoa disponía los alimentos sobre el altar, el ángel del Señor subió en la llama. En ese momento Manoa no supo qué hacer. ¡Al fin se había dado cuenta de que estaba en la presencia de Dios! Estaba totalmente convencido de que ambos morirían, porque habían visto a Dios.

Se necesita una dama muy especial que logre calmar a un hombre después de un suceso tan impactante. Y se requiere una gran medida de sabiduría para tranquilizar a alguien y decirle que si Dios hubiera querido matarlo ya lo habría hecho. La señora de Manoa era esa clase de mujer. Con prudencia sosegó a su esposo, quien aceptó que el razonamiento de ella tenía sentido. Y como dice el refrán, el resto es historia. Jueces 13 concluye con el nacimiento de Sansón, el hijo prometido que se convertiría en el líder de la nación de Israel para enfrentarse a los filisteos.

Unos padres fieles (Jueces 13:24—14:10)

En realidad consideramos titular esta sección "cuidado y alimentación de un niño de voluntad firme". Sin embargo, después de intercambiar unas risas, decidimos no hacerlo. Pero ya sabes a qué vamos, ¿no es así? La paternidad, si bien es la voluntad de Dios para ustedes, es probablemente el trabajo más difícil que hagan jamás.

Por fortuna, Manoa y su esposa recibieron instrucciones específicas del ángel acerca de cómo criar a su hijo tan especial. Las recomendaciones iban también dirigidas a la esposa de Manoa, la futura madre. En resumen, ella debía cuidarse de no tomar vino o bebidas similares, ni comer nada impuro. "Pues he aquí que concebirás y darás a luz un hijo; y navaja no pasará sobre su cabeza, porque el niño será nazareo a Dios desde su nacimiento" (Jue. 13:5).

A partir del texto bíblico se infiere que Manoa y su esposa hicieron su mejor esfuerzo para criar a este niño extraordinario, un niño que según el ángel "comenzará a salvar a Israel de mano de los filisteos" (v. 5). En vista de estos comienzos tan inusuales, los padres de Sansón tal vez le contaron con frecuencia a Sansón la historia de la aparición milagrosa del ángel y de sus instrucciones. ¿Qué niño no hubiera deseado escuchar esta historia una y otra vez? A medida que Sansón crecía físicamente, lo más probable es que hubiera retenido gran parte de lo que se le había enseñado. Tal vez se sentía orgulloso de su cabello largo, como consecuencia de guardar la ley del nazareato. Y se dio cuenta de que Dios tenía un llamado especial para su vida.

Sin embargo, al hacerse mayor, empezamos a observar algunas fallas graves en el carácter de Sansón:

> *Era voluntarioso*: se opuso a los deseos de sus padres y se casó con una mujer filistea (14:1-3).
>
> *Era vengativo*: usó la gran fuerza que Dios le había dado para sus propios propósitos y no los de Dios (15:7).
>
> *Era lujurioso*: tuvo relaciones con una prostituta (16:1).

Por fortuna, en el caso de padres como Manoa y su esposa, o de aquellos que tienen un hijo voluntarioso y obstinado, nunca es demasiado tarde para orar para que ese hijo reciba un llamado de atención y busque a Dios en arrepentimiento. Este es el hecho rescatable de esta nube de rebelión y obstinación. Al final de su vida heroica y extraordinaria, Sansón dirige sus últimas palabras a Dios. Pronunció una oración a Dios y un clamor de arrepentimiento y confianza cuando entregaba su vida en su papel de juez y protector del pueblo de Dios, al tiempo que mataba a varios miles de filisteos eminentes y líderes de ese pueblo. Clamó al Señor diciendo: "Señor Jehová, acuérdate ahora de mí, y fortaléceme, te ruego, solamente esta vez, oh Dios, para que de una vez tome venganza de los filisteos" (16:28).

¿Cuál fue la respuesta de Dios?

> Asió luego Sansón las dos columnas de en medio, sobre las que descansaba la casa [donde los filisteos adoraban a sus dioses falsos], y echó todo su peso sobre ellas, su mano derecha sobre una y su mano izquierda sobre la otra. Y dijo Sansón: Muera yo con los filisteos. Entonces se inclinó con toda su fuerza, y cayó la casa sobre los principales, y sobre todo el pueblo que estaba en ella (vv. 29-30).

Estas palabras finales señalan el esfuerzo de Sansón en su servicio a Dios: "Y los que mató al morir fueron muchos más que los que había matado durante su vida" (v. 30).

Síntesis

A partir de lo que vemos en las Escrituras, Manoa y su esposa tuvieron una relación extraordinaria. Gozaron la bendición de ser los mejores amigos. ¡Y realmente se necesitaban el uno al otro! Vivieron en una época de oscuridad espiritual y moral. Los ejemplos piadosos escaseaban. Aun así, hicieron su mejor esfuerzo como pareja por agradar a Dios y seguir sus instrucciones. Este hombre y esta mujer ofrecen a las parejas una serie de características de lo que significa ser una pareja conforme al corazón de Dios. ¡Y es una lista que transmitieron airosos! Es un ejemplo que debemos procurar imitar. Esta es:

Ellos fueron gente sencilla que no tuvo privilegios, rangos ni riquezas. Se contentaban con lo poco que tenían, con la vida que vivían y con la compañía del otro. Estaban dispuestos a compartir con su pareja los sucesos insignificantes y los importantes de la vida diaria. No tenían problemas de comunicación entre ellos. Escuchaban con atención, creían en el otro y recibían consejo del otro. Confiaban en su pareja y no la cuestionaban. Compartían una fe firme en Dios y en su promesa para ellos. Estuvieron dispuestos a trabajar juntos para criar a su futuro hijo según las instrucciones de Dios.

En otras palabras, eran los mejores amigos.

• Lecciones de la esposa de Manoa para esposas •

1. *Confiar en Dios es una decisión de cada día.* Es posible vivir en victoria en medio del sufrimiento y de circunstancias dolorosas. La preciosa esposa de Manoa de la que hemos hablado en este capítulo no padecía una enfermedad o dolencia física, ni tenía problemas mentales. No. Su dolor provenía del hecho de no tener hijos. Como si el dolor de su propio corazón no fuera suficiente, su sociedad trataba a las mujeres estériles como parias. ¡Estas desdichadas mujeres eran tratadas casi como leprosos! Incluso se les culpaba de recibir el castigo de Dios por algún pecado oculto.

¿Cómo puede una mujer que padece una aflicción, una carencia, una pérdida o una dolorosa pena vivir con su sufrimiento? Muchas mujeres reniegan de su fe en Dios y le dan la espalda. O se endurecen y se vuelven amargadas. ¡Pero cuánto mejor es aprender del ejemplo de la esposa de Manoa! Ella permitió que su dolor la acercara a Dios. Dios siempre fue una parte valiosa y reconfortante de su vida. Confiar en Dios es, y siempre será, la decisión correcta para afrontar las pruebas.

¿Cuál es tu situación? ¿Cuál es tu pena? ¿Cuál es el reto que experimentas a diario? ¿Es la angustia de un matrimonio inestable? ¿El dolor de un hijo desobediente, o la ausencia de un hijo? Sea cual sea tu situación, sigue el ejemplo de la esposa de Manoa. Eleva tu sufrimiento a Dios y deja que Él lo use para fortalecer tu fe. Aférrate a estas palabras victoriosas que pronunció el apóstol Pablo en medio de gran sufrimiento y dolor: "Bástate mi gracia; porque mi poder se perfecciona en la debilidad" (2 Co. 12:9).

2. *Sé la ayuda que estás llamada a ser.* Aporta equilibrio a tu matrimonio. No hay duda de que Manoa era un gran líder. Miren nada más la forma como participó, investigó los hechos y manejó la visita del ángel del Señor. Pero en su momento de temor o de pánico, cuando se le ocurrió que su esposa había estado en la presencia de Dios y que por ende moriría, su esposa acudió a rescatarlo y manifestó sabiduría y una visión práctica.

Él dijo: "Ciertamente moriremos, porque a Dios hemos visto" (Jue. 13:22).

Ella dijo: "Si Jehová nos quisiera matar, no aceptaría de nuestras manos el holocausto y la ofrenda, ni nos hubiera mostrado todas estas cosas, ni ahora nos habría anunciado esto" (v. 23).

Ambos tenían razón. En Éxodo 33:20, Dios dijo a Moisés: "no me verá hombre, y vivirá". Sin embargo, como señaló la esposa de Manoa, los dos seguían vivos e ilesos.

Hemos visto una y otra vez que tú, como esposa, eres la ayuda de tu esposo. Estás llamada a ser su complemento, a completarlo, a equilibrarlo. Eres su compañera en la vida. Los dos forman un equipo. Lo ideal es que cuando tu esposo está desanimado o decaído, tú puedas estar a su lado con una palabra de aliento. Y viceversa. Cada paso que das para crecer en el Señor te convierte en mejor compañera.

3. *Recuerda tus prioridades.* La esposa de Manoa vivía conforme a las prioridades de Dios. Tal vez había junto a ella otras mujeres que trabajaban en el campo el día que el ángel del Señor se le apareció por primera vez, o algunas amigas confidentes. Sin embargo, ella evitó a todas esas personas menos importantes y fue directamente a su esposo. Él era la persona a quien ella deseaba contárselo primero. Él era la persona más importante en su vida. Era su mejor amigo, su compañero en la vida y en el matrimonio. Ella honró a su esposo acudiendo directamente a él con estas noticias trascendentales.

Veamos. ¿Quién es la persona a quien acudes primero con buenas noticias? ¿Es tu esposo siempre el primero en saber todo lo que es importante para ti? ¿Te reservas información hasta que tu esposo se entera? En la lista de prioridades de Dios, y de personas más importantes en tu vida como mujer casada, tu esposo es el número uno. Él encabeza la lista antes que tus padres, tus hermanas, tus amigos… ¡y definitivamente antes que tus amigos de Facebook! Si tu esposo es tu mejor amigo, él siempre será la primera persona con quien desearás compartir toda clase de noticias.

4. *Procura vivir con fe, tanto en los asuntos grandes como pequeños de la vida.* La esposa de Manoa tenía una gran fe. Esta mujer fue sorprendida y colmada con las noticias más extraordinarias de boca de la persona más maravillosa de toda la creación: ¡el Señor! ¿Cómo reaccionó ella en la presencia de Dios? Con gran calma y dignidad. En términos sencillos, manejó la situación con y por la fe. Ella no cuestionó a Dios ni su mensaje. No le interrogó acerca de sus recursos o métodos. No pidió señales y no mostró la más mínima duda. Respondió con el excepcional y precioso silencio de alguien que cree.

¿Cómo respondes a las promesas de Dios? ¿Confías en ellas y las tomas al pie de la letra? ¿Se caracteriza tu fe por una actitud silenciosa de aceptación, sin cuestionamientos? ¿Por un espíritu afable que no precisa detalles? ¿Por una dulce sumisión que no ofrece resistencia?

• Lecciones de Manoa para esposos •

1. *Vive y lidera con seguridad.* Manoa pudo haberse mostrado antipático con su esposa y haberla menospreciado por el hecho de ser ella, y no él, quien recibió la visita del "Hombre de Dios". Es evidente que Dios consideró a la esposa de Manoa como una compañera digna y un complemento a su propia madurez espiritual. Y además de eso, tenía muy buenas noticias para llevar a casa.

Al igual que Manoa, tú no debes sentirte amenazado por el crecimiento espiritual de tu esposa. Ella no está compitiendo con tu liderazgo. ¡Su madurez debe reafirmar tu papel como líder! La mujer de Proverbios 31 era una esposa maravillosa cuyos logros eran reconocidos en todas partes. En el contexto de sus muchas proezas, Dios afirma: "Su marido es conocido en las puertas, cuando se sienta con los ancianos de la tierra" (v. 23).

En tu labor de esposo, asegúrate de animar a tu esposa en su estudio de la Palabra de Dios. Si hay un estudio bíblico para mujeres en la noche, toma el turno de acostar a los niños o de ayudar en la casa para que ella pueda asistir. Su crecimiento espiritual será de provecho no solo para ella sino también para ti y para los niños. La madurez espiritual de tu esposa debe ser una gran prioridad para ti.

2. *Establece la norma de orar por todo.* Manoa tenía una relación con Dios. Tan pronto como le hablaron de la visita del ángel del Señor, Manoa buscó de inmediato a Dios en oración. Cuanto más cerca estés de Dios, más rápidamente involucrarás a Dios en los sucesos y detalles de tu vida. Esta es una forma de probar tu madu-

rez espiritual: la próxima vez que tengas que resolver un asunto o tomar una decisión, pregúntate: *¿qué tan rápido busqué a Dios en oración?*

3. *Manoa era un hombre de fe.* Las Escrituras dicen que la fe es "la certeza de lo que se espera, la convicción de lo que no se ve" (He. 11:1). Este versículo describe sin duda la fe de Manoa. Seguramente había anhelado tener un hijo. Su cultura y su profesión como agricultor lo exigían. Su fe salió a flote cuando su esposa dijo que un ángel le había dicho que iban a tener un hijo. Él no desconfió de las noticias ni dudó por un momento en creer que así sería. ¡Qué asombrosa demostración de fe!

¿Quién era Manoa, a fin de cuentas? Era solo un sencillo labrador. Y ¿cómo le llegó la noticia? De segunda mano, por medio de su esposa. La creyó, a pesar de lo asombrosa que era la noticia, y del hecho de que él no la recibió directamente. De inmediato manifestó una fe sin cuestionamientos. Tú y yo, al igual que Manoa, no necesitamos pertenecer a una casta ni hacer estudios de posgrado para demostrar fe. Tampoco necesitamos una zarza ardiente o una escalera que baje del cielo. Solo necesitamos creer la Palabra de Dios. Fe es sencillamente creer lo que Dios dice que hará.

4. *Un líder debe escudriñar los hechos.* Manoa era el líder en su matrimonio, y también un hombre dispuesto a aprender. ¿Cómo aprende un hombre? Formula preguntas. Busca respuestas. Nunca se conforma con el status quo. Manoa era sin duda esa clase de hombre. Preguntó con respecto al niño, preguntó acerca del ángel, pidió instrucciones acerca de cómo criar a su futuro hijo. Quería aprender tanto como le fuera posible acerca de lo que sucedía en su familia.

He aquí un sencillo agricultor que nos presenta un ejemplo estelar de lo que es el deseo de aprender. Si has de liderar en tu matrimonio y en tu familia, en el trabajo y en la iglesia, debes ser alguien dispuesto a aprender.

Construyan un matrimonio duradero

¡Qué maravillosa pareja para imitar en su propio matrimonio! Es evidente cuál era el fundamento del matrimonio de Manoa y de su esposa: eran los mejores amigos, ¡amigos para siempre! ¿Qué se necesita para ser los mejores amigos? Un amor mutuo y perdurable. Pasar tiempo juntos. Hablar de todo. Confiar en el otro. Y orar el uno por el otro.

El plan de Dios para un matrimonio maravilloso está aquí frente a nosotros: tanto como pareja como individuos, este equipo de esposos cumplió con sus papeles y responsabilidades conforme al modelo de Dios. La esposa de Manoa buscó a su esposo tan pronto como oyó al ángel del Señor, y Manoa asumió el liderazgo y oró, habló con el ángel del Señor, y confirmó todos los hechos y los detalles que necesitarían conocer como pareja para criar a un niño que se convertiría en "el hombre más fuerte de la tierra".[10]

No podemos pasar por alto las herramientas que Manoa y su esposa usaron para vivir como una pareja conforme al corazón de Dios, dos personas que eran los mejores amigos. ¿Oración? Sí. ¿Comunicación? Sí. ¿Una inquebrantable fe en Dios? También.

El amor de Dios por medio del Espíritu Santo está a su disposición como pareja para que edifiquen su propio fundamento de amistad para tener un matrimonio conforme al corazón de Dios. Y el plan de Dios para sus papeles como esposo y esposa nunca cambia. Es algo que los guiará y los dirigirá todos los días de su matrimonio. ¿Y las herramientas? Están a su disposición, si deciden usarlas en su hogar y en su relación.

Señales de que los esposos no son los mejores amigos

No pueden hablar acerca de todo, de cualquier tema.

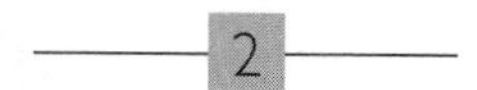

Hablan con otra persona acerca de cosas que no le han dicho o no le dirían a su pareja.

Se sienten más cómodos en un grupo que estando juntos.

Cuando piensan en su "mejor amigo o amiga", su pareja no es esa persona.

Cuando están juntos no tienen nada importante que decir.

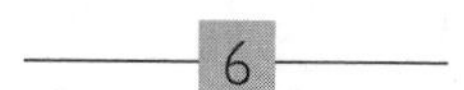

No sienten ansias de volver a casa para ver a su pareja después del trabajo. De hecho, con frecuencia inventan excusas para mantenerse lejos de casa.

6

Booz y Rut

Una pareja con carácter

Ella entonces bajando su rostro, se inclinó a tierra,
y le dijo: ¿Por qué he hallado gracia en tus ojos
para que me reconozcas, siendo yo extranjera?
RUT 2:10

Imaginen la noche más oscura y tenebrosa que hayan vivido jamás. Tal vez acampaban en un desierto, o estaban en un bote lejos de las luces de la ciudad, o tal vez en su ciudad hubo un gran apagón. La oscuridad era tan densa que no podían ver nada... salvo las estrellas en los cielos, que lucían aún más brillantes de lo normal debido al negro telón del espacio.

Las "estrellas" del libro de Rut son Booz y Rut. ¡Y cómo resplandecen! La historia de su hermoso romance se desarrolla mientras la impiedad de Israel sirve como telón de fondo. Tiene lugar durante la época de los jueces, una época en la que "no había rey en Israel; cada uno hacía lo que bien le parecía" (Jue. 17:6).

En medio de la desesperanza de una época terriblemente oscura en la historia del pueblo de Dios, Booz y Rut hacen su aparición, iluminando las páginas de las Escrituras. Sus corazones resplandecen tanto que lanzan un destello de esperanza para el futuro en los corazones de las personas. Booz como un hombre soltero de carácter piadoso, y Rut como una viuda de carácter piadoso. Sigan adelante en su lectura para ver la manera tan espectacular como Dios juntó a estos dos fieles seguidores suyos… y cómo su amor y su matrimonio puede transformar las vidas de ustedes hoy.

Un vistazo a la historia

Han pasado casi mil años desde que Dios llamó a Abraham a salir de Ur. En ese tiempo, Dios prometió convertir a Abraham en una gran nación. Cuando Jacob, el nieto de Abraham, llevó a su familia a Egipto para protegerla de una terrible hambruna en la tierra de Canaán, eran apenas un grupo de 70 personas (Gn. 46:27). Pero al cabo de 400 años, gran parte de los cuales vivieron en esclavitud, el pueblo de Dios se había convertido en una potencia de alrededor de dos millones de personas.

Esta multitud llegó a conquistar la tierra que Dios les había prometido. Pero no tardaron en caer en pecado y desobediencia que hundió la tierra y a sus habitantes en el caos. Pero Dios es fiel. Durante este período oscuro y turbulento, Él le regaló al mundo una historia de amor verdaderamente asombrosa. En este reconfortante relato de una pareja conforme al corazón de Dios vemos un retrato precioso y encantador de la vida doméstica en un tiempo de anarquía y dificultad. Es una historia de amor de opuestos que se juntan:

> Uno era pobre, el otro rico.
> Uno era moabita, el otro judío.
> Uno adoraba ídolos, el otro adoraba a Dios.
> Uno no tenía nada, el otro lo ofreció todo.

A pesar de sus muchas diferencias, esta pareja tenía algo en común: su fortaleza de carácter. Pero a diferencia de otras historias de amor que tienen un final feliz, la de ellos no tiene final. ¿Por qué? Porque Booz y Rut fueron el comienzo de una familia, de un linaje que cien años después traería al Mesías, el Salvador del mundo, Jesucristo el Señor. Él, el Cristo, se sentaría en el trono del rey David, quien fue justamente el bisnieto de Booz y de Rut. Y su reino no tendría fin.

Hechos de las Escrituras

Hambruna y funerales (Rut 1:1-5)

Les presento a Elimelec, un israelita que, junto con su esposa Noemí y sus dos hijos, abandonó su casa en Belén para huir de la hambruna. Se mudaron a Moab, un país al sureste de Belén. Cuando Elimelec murió y dejó viuda a Noemí, sus dos hijos se casaron con mujeres moabitas. Luego, diez años después, los hijos también murieron, dejando a sus dos esposas viudas.

Las despedidas y la fe de Rut (Rut 1:6-18)

Al enterarse de que ya había abundante alimento en Belén, Noemí decidió regresar a su patria. Cuando se preparaba para el viaje, sus dos nueras decidieron acompañarla. Pero mientras empacaban para partir, Noemí, amargada y abatida, instó a sus nueras, Orfa y Rut, a quedarse en Moab y empezar la siguiente etapa de sus vidas en su propio pueblo.

Orfa decidió quedarse con su familia. Pero Rut no. Ella prometió acompañar a su suegra y acogerse al Dios de ella como su propio Dios. Una de las declaraciones de devoción más extraordinarias en la Biblia fue la que dijo Rut a Noemí:

> No me ruegues que te deje, y me aparte de ti; porque a dondequiera que tú fueres, iré yo, y dondequiera que vivieres, viviré. Tu pueblo será mi pueblo, y tu Dios mi Dios. Donde tú murieres, moriré yo, y allí seré sepultada; así me haga Jehová, y aun me añada, que sólo la muerte hará separación entre nosotras dos (1:16-17).

El encuentro con Booz (Rut 2:1-7)

Las dos viudas, Noemí y Rut, emprendieron su viaje de regreso a Belén. Llegaron cansadas y menesterosas después de semanas de viaje. ¿Dónde podían encontrar comida? La ley de Moisés ordenaba que los rincones de los campos no debían cosecharse para que los pobres pudieran pasar después de los segadores para recoger lo que sobraba. Rut se ofreció valerosamente a recoger el grano sobrante de los campos de Booz, pariente de Noemí, para que ella y Noemí tuvieran alimento.

Belén era un pueblo pequeño donde todos los habitantes se conocían, así que cuando Booz llegó al campo para ofrecer una bendición a sus trabajadores, no tardó en percatarse de que había entre ellos una forastera, Rut. Preguntó acerca de ella, y "el criado, mayordomo de los segadores, respondió y dijo: Es la joven moabita que volvió con Noemí de los campos de Moab" (v. 6).

Ánimo para Rut (Rut 2:8-17)

De inmediato, Booz le dijo a Rut que se quedara en su campo. Él ya había oído acerca de su devoción a Noemí y la alabó por su bondad manifestada hacia su suegra. Para expresar su reconocimiento, Booz invitó a Rut a comer de lo que se servía a los segadores. Luego Booz mandó a sus trabajadores que dejaran manojos de cebada de sobra en el campo para Rut.

La alabanza de Noemí (Rut 2:18-23)

Cuando Rut regresó a casa, sorprendentemente con una gran cantidad de grano, le contó a Noemí acerca de la amabilidad de Booz. Entonces Noemí bendijo a Booz y le dijo a Rut que él era un pariente cercano que, según la ley judía, podría casarse con ella y "redimir" la propiedad del difunto esposo de Noemí, Elimelec. La provisión de un "pariente redentor" es un tema central del libro de Rut.

El plan (Rut 3:1-5)

Con el ánimo de proveer un hogar para Rut, Noemí le da instrucciones para presentarse como una posible esposa para Booz.

Luego manda a Rut a buscar a Booz en la era. Le indicó a Rut que debía esperar a que Booz terminara su comida para luego recostarse a sus pies.

La propuesta y el problema (Rut 3:6-13)

En medio de la noche, Booz se despertó sorprendido al encontrar a Rut acostada a sus pies. Entonces ella, como se le había dicho, le pidió a él cumplir con sus deberes de pariente redentor. Por mucho que él deseaba hacer exactamente lo que Rut le proponía, Booz sabía que había otro hombre que era un pariente aún más cercano de ella y Noemí. Según la ley, ese hombre debía ofrecer primero casarse con Rut. Como explicó Booz a Rut, si ese pariente no se casaba con ella, entonces él gustosamente lo haría.

Cautela y provisión (Rut 3:14-18)

Booz le pidió en seguida a Rut que se quedara en la era hasta el amanecer, y luego irse con cautela para que su visita no fuera malinterpretada por alguien que la viera allí. Luego, para demostrar la seriedad de su compromiso de concederle su petición, Booz envió a Rut de regreso a casa con seis medidas de cebada. Noemí probablemente había esperado toda la noche despierta, dando vueltas de un lado a otro hasta que Rut regresó a casa. Mientras Rut le contaba lo que Booz le había dicho, Noemí se dio cuenta de la gran cantidad de grano. Entonces Noemí animó a Rut diciéndole que Booz "no descansará hasta que concluya el asunto hoy" (v. 18).

Decisión tomada (Rut 4:1-12)

En la puerta de la ciudad, Booz, fiel a su palabra, se encontró con el otro pariente y con diez líderes del pueblo como testigos. Booz le recordó al otro hombre que tenía el derecho prioritario de comprar la tierra del fallecido Elimelec. El hombre estaba interesado, pero Booz añadió que el comprador debía también casarse con Rut. El otro pariente rehusó entonces comprar la tierra, porque consideró que eso pondría en peligro su propio patrimonio. El pariente redentor ofreció a Booz la propiedad y validó la transacción en presencia de testigos.

La dinastía comienza (Rut 4:13-22)

Rut se convirtió al fin en la esposa de Booz, y más adelante dio a luz un hijo. Entonces las mujeres de Belén dijeron a Noemí: "Loado sea Jehová, que hizo que no te faltase hoy pariente, cuyo nombre será celebrado en Israel" (v. 14). Booz y Rut no tenían idea que este nacimiento sería al fin la manifestación de la bondad de Dios hacia un mundo perdido, porque en el plan maravilloso de Dios, Booz y Rut terminaron siendo los tatarabuelos del rey David, ¡del linaje de Jesucristo!

Síntesis

Dios es siempre fiel a su pueblo y a su plan. Dos viudas azotadas por la pobreza llegaron a Belén con poco más que unas delgadas hebras sobre sus espaldas. No tenían esposos, ni familia, ni dinero, ni comida. Lo único que tenían era la disposición de la más joven y fuerte de las dos para trabajar en los campos recogiendo el grano que sobraba en los campos, y que estaba reservado para los pobres.

Pero Dios estaba atento. Dios abría un camino. Dios las guiaba. Dios hacía su obra. Trajo a un hombre piadoso que redimiera y cuidara a este valiente equipo de mujeres parientes que eran parte de la estirpe que traería al Salvador del mundo.

Este corto libro de la Biblia nos bendice al mostrarnos el cuidado amoroso de Dios y cómo vela por su pueblo. Experimentamos la bendición de observar cómo lleva a cabo Dios su grandioso plan, un plan que conduciría a Jesús. Nos bendice ver a una mujer y a su suegra trabajando como un equipo amoroso, servicial y respetuoso. Es una bendición que podamos ver de cerca las numerosas virtudes del carácter de Booz. Y nos bendice también ser testigos del cortejo y el matrimonio entre Booz y Rut, así como de la llegada de su primer bebé como muestra del favor de Dios sobre su pueblo fiel.

Ahora examinemos algunas lecciones acerca del amor.

• Lecciones de Rut para esposas •

1. *Los parientes políticos son familia.* Rut se enfrentó a un dilema. Su esposo había muerto, y Noemí, la madre de su esposo, que también era viuda, iba a regresar a su tierra natal. Noemí ofreció a ambas nueras la libertad y la bendición de regresar con su pueblo y con sus familias. La cuñada de Rut decidió cruzar la puerta y regresar a su casa paterna. Pero Rut eligió ir con Noemí y, más que eso, Rut escogió al Dios de Noemí.

A pesar de todas las bromas que se oyen en la actualidad y casi a diario sobre las suegras, también son tu familia y deben ser tratadas como tal, con amor y respeto. Rut eligió tomar a Noemí como su segunda madre, y siguió el consejo de Noemí aun cuando eso significó sacrificar su orgullo. Las dos llegaron a ser un gran equipo cuando se enfrentaron juntas el reto de sobrevivir bajo circunstancias de vida o muerte.

Espero que tengas una suegra como Noemí, una con la que puedes contar, a quien puedes acudir cuando necesitas consejo, y en quien puedes confiar. Sé que la mamá de Jim, mi suegra, fue una persona así de especial. Pero si tus parientes políticos no son tan amigables, serviciales o comprensivos como tú esperarías, ¡no te des por vencida con ellos, por favor! Haz el esfuerzo de permanecer en contacto con ellos por medio de llamadas, tarjetas, correos electrónicos y visitas. ¡Y sin duda te gustará que ellos vean a sus guapos e inteligentísimos nietos!

Ahora bien, si tú eres suegra, considera el ejemplo de Noemí. Que puedas ser la animadora número uno de tu nuera, la presidenta de su grupo de apoyo. Al igual que Noemí, si estás presente en la vida de tus hijos y de sus cónyuges, ellos se convertirán en un tesoro para tu familia.

2. *Es una bendición tener un consejero.* Rut era una extranjera. Ella no conocía la cultura israelita ni lo que esperaban de ella los habitantes de Belén. Pero qué afortunado fue que ella contara con

Noemí como su consejera. Noemí se dio a la tarea de entrenar amorosamente a Rut acerca de los rigores de espigar en los campos, enseñarle cómo comportarse en presencia del propietario y de los trabajadores, y lo más importante, cómo conducirse frente a sus prospectos matrimoniales.

Tener un consejero significa que estás dispuesta a someterte a la dirección de esa persona. ¿Tienes todas las respuestas a la vida cristiana, a cómo hacer funcionar el matrimonio, a la crianza de tus hijos? Tú sabes que no. Entonces actúa con humildad y sigue el consejo de Tito 2:3-5. Proponte buscar a una "anciana" que pueda mostrarte en la Biblia lo que necesitas saber para enfrentarte a los múltiples retos como esposa.

3. *Desarrolla fidelidad en las pequeñas cosas.* Rut llegó al pueblo natal de Noemí dispuesta a servir a su suegra. Estaba lista para sacrificar todo fielmente con tal de ayudarla. Incluso estuvo dispuesta a ir a los campos día tras día y recoger fielmente los restos de grano que dejaban los segadores para personas como ella y Noemí que eran pobres y menesterosas. Este pequeño acto de servicio a su suegra no solo fue recibido con gratitud por su suegra, sino que le granjeó el cariño de los habitantes de Belén, y especialmente de Booz.

La fidelidad es un fruto del Espíritu y es esencial que como esposa lo tengas. Y dado que tu esposo cuenta contigo, la fidelidad debe ser parte de tu andar diario. Ser fiel significa que tu esposo puede contar con que tú harás lo que te has comprometido a hacer, estarás donde has dicho que vas a estar, y que harás todo lo que se necesita. ¿Cómo calificas tu fidelidad aun en las pequeñas cosas... como lavar la ropa?

4. *El carácter piadoso es un imán.* Rut llegó a Belén como una forastera, pero pronto llamó la atención y se ganó el respeto de todo el pueblo, y de Booz. ¿Por qué? Por todo lo que ella había hecho por su suegra (Rt. 2:11). Y Booz declaró: "toda la gente de mi pueblo sabe que eres mujer virtuosa" (3:11). Su servicio fiel a su suegra fue notorio, y un reflejo del carácter piadoso de Rut, de su belleza interior.

Tu carácter es como un imán en tu hogar. Todos, empezando por tu esposo, sentirán y desearán el amor y la bondad de Dios que se manifiestan en ti. Si quieres ver cambios en el ambiente espiritual de tu hogar y de tu matrimonio, empieza con tu propia vida. Tu andar constante en el Espíritu de Dios enriquece la vida de tu esposo.

5. *Acepta la ayuda de otros.* Rut y Noemí llegaron a Belén en una situación desesperada, pero lo hicieron como un equipo. Ninguna dijo: "no gracias, estoy bien, tengo todo arreglado". No. Dios usó a cada mujer para ayudarse mutuamente. Dios también usó a los segadores que según la ley dejaban cierta cantidad de grano para que recogieran los pobres (como Noemí y Rut). Dios usó a Booz para garantizar que Noemí y Rut, dos viudas menesterosas, tuvieran el alimento necesario, ¡y aún más! Y al final, Dios usó la fe, el compromiso y el corazón generoso de Booz para suplir todas las necesidades de las dos viudas al casarse con Rut, garantizando así la provisión para su futuro. Cuando Dios quiere usar a otros para cuidar de ti, sé amable, muestra gratitud, y acepta la ayuda con humildad.

• Lecciones de Booz para esposos •

Muchas historias de amor modernas retratan a uno de los miembros de la pareja como más fuerte, más amoroso, más dadivoso, e incluso más noble de carácter que el otro. Pues bien, este no es el caso con Rut y Booz. Ambos son igualmente merecedores de un estudio detallado. Y ambos tenían muchas cualidades que precisan nuestra atención. Ya has visto algunas de las múltiples cualidades de Rut en la sección anterior para esposas. Es hora de hablar de Booz. ¡Y hay mucho que decir de él!

1. *Diligente.* A Booz se le describe como un "hombre rico" (Rt. 2:1), y notamos cómo supervisa su propiedad con cuidado y consideración. Aquí vemos que es un hombre diligente.

Proverbios 10:4 nos dice que la pereza, o "la mano negligente", llevan a la pobreza. Dios espera que sus hombres trabajen y trabajen duro para proveer para sus esposas y familias. Se nos dice que "si alguno no provee para los suyos, y mayormente para los de su casa, ha negado la fe, y es peor que un incrédulo" (1 Ti. 5:8). Dios incluso llega a ordenar: "Si alguno no quiere trabajar, tampoco coma" (2 Ts. 3:10). Tal vez nunca seas un hombre rico, pero si eres fiel y excelente en tu trabajo, Dios bendecirá tu diligencia y proveerá lo necesario para ti y para tu familia.

Un hombre diligente tendrá éxito no solo en su trabajo sino también en su casa. Un esposo diligente presta atención a su esposa, a sus necesidades y a su seguridad. Y un padre diligente se propone invertir tiempo en sus relaciones con sus hijos, en el desarrollo de su carácter y su entrenamiento para que se encarguen de sus responsabilidades. Un mayordomo diligente cuida su casa, su propiedad y sus finanzas. Mira a tu alrededor. ¿Hay algo o alguien que tengas descuidado? Si es así, toma nota y encárgate de hacer los ajustes necesarios. Sé diligente.

2. *Misericordioso.* Al observar que Rut trabajaba duro, Booz preguntó a sus trabajadores acerca de su situación. Al enterarse de los hechos, tuvo misericordia de ella y de su difícil situación, y actuó a su favor (Rt. 2:7-8).

Misericordia es la capacidad de un hombre de manifestar gracia, compasión, tolerancia y entendimiento hacia otros. Tal vez a esto se refería Pedro cuando dijo: "Vosotros, maridos, igualmente, vivid con ellas sabiamente, dando honor a la mujer como vaso más frágil, y como a coherederas de la gracia de la vida". Luego Pedro añade una advertencia a los esposos: "para que vuestras oraciones no tengan estorbo" (1 P. 3:7).

Booz manifestó misericordia al preocuparse por Rut. Tomó la iniciativa de averiguar lo que ella necesitaba. Luego proveyó lo que hacía falta. En su misericordia, quiso ayudarla con lo que pudiera serle más útil.

¿Cómo puedes ser más misericordioso con tu esposa? Empieza con ser un mejor observador de sus necesidades, a ser más consciente de cómo puedes darle una mano, o aligerar una carga, o asumir una o dos responsabilidades que ella tenga. Si cultivas esta cualidad, ella será bendecida, y tú igualmente. Jesús dijo: "Bienaventurados los misericordiosos, porque ellos alcanzarán misericordia" (Mt. 5:7).

3. *Piadoso.* Las primeras palabras que pronuncia Booz cuando llega al campo y bendice a sus trabajadores revela su historia de su amor por Dios: "Y he aquí que Booz vino de Belén, y dijo a los segadores: Jehová sea con vosotros" (Rt. 2:4). Más adelante, cuando descubrió quién era Rut, Booz oró y pidió a Dios que bendijera a Rut por su cuidado de Noemí (v. 12).

Booz demostró un interés y un afecto sincero por el bienestar de sus trabajadores y, a medida que se desarrolla su relación con Rut, vemos que su carácter piadoso se pone en acción cuando rescata a esta pobre viuda moabita.

¿Tienes problemas con tu esposa? Un buen punto de partida para reparar cualquier daño es tu relación con Dios. ¿Lees tu Biblia? ¿Oras? ¿Procuras mantenerte libre de pecado? Si has descuidado estas áreas, esta es la base para empezar a fortalecer tu vínculo con tu esposa. La relación de un esposo con su Dios se reflejará en su relación con su esposa.

4. *Animador.* Booz destacó las cualidades admirables de Rut y habló de ellas para animarla: "He sabido todo lo que has hecho con tu suegra después de la muerte de tu marido, y que dejando a tu padre y a tu madre y la tierra donde naciste, has venido a un pueblo que no conociste antes" (2:11). Sin duda estas palabras fueron como gotas de rocío en una tierra árida en el corazón de Rut.

De todas las personas que necesitan ánimo, nuestras esposas son las primeras. El trabajo de ellas nunca termina. ¡Sus papeles y responsabilidades parecen no tener fin! Como esposo, tú debes ser su animador número uno. Abre tus ojos a todo lo que ella hace por ti y por otros. Luego enumera las formas en que puedes alabarla y animarla en privado y en público.

5. *Fiel.* A esto se refirió Noemí cuando dijo: "Espérate, hija mía… aquel hombre no descansará hasta que concluya el asunto hoy" (3:18). Booz cumplió la promesa que le había hecho a Rut de hablar con el otro pariente que tenía la prioridad para casarse con ella. Y lo hizo. Acudió a los ancianos en la puerta de la ciudad para despejar así el camino y casarse con Rut (4:1).

El matrimonio es un contrato en el que dos personas se prometen fidelidad mutua. Un esposo que es fiel en lo que dice y hace puede ser confiable, y la confianza es el adhesivo que mantiene unido el matrimonio. Una esposa seguirá a su esposo hasta los confines de la tierra si ella sabe que puede confiar en él y que él desea lo mejor para ella en todo tiempo.

La confianza es algo delicado. Se gana lentamente, con el paso del tiempo, a medida que perseveras y construyes un buen historial. Pero se puede perder en un instante. Basta una sola mentira, una indiscreción, un incumplimiento, para derribar toda una vida de confianza.

Construyan un matrimonio duradero

Cada pareja en este estudio tiene mucho que enseñar acerca de lo que se requiere para construir un matrimonio duradero. Para despedirnos de Booz y de Rut, agradezcamos el fundamento sólido sobre el cual edificaron su espléndido matrimonio: un corazón para Dios. Ambos eran piadosos. Ambos vivieron para servir a Dios de todo corazón. Ambos confiaron en Dios, en su ley, en su Palabra y en su plan para sus vidas. Cuando ustedes dos como pareja se enfocan activamente en cultivar las cualidades de un carácter piadoso, el fundamento de su matrimonio será doblemente firme.

La Palabra de Dios es la herramienta divina que les muestra cómo edificar cada parte de sus vidas, incluido su matrimonio. Tanto Booz como Rut deseaban hacer lo correcto conforme a lo que enseña la Palabra de Dios, hacer lo que agrada a Dios. En virtud de este deseo vehemente, Dios preparó el camino para que ellos se encontraran y se enamoraran.

Booz y Rut constituyen ejemplos claros de diligencia, devoción, paciencia, consideración, discreción, generosidad, compasión y honestidad en un matrimonio. Es obvio que estas muchas cualidades del carácter piadoso se combinaron para crear una pareja conforme al corazón de Dios. ¿Les hacen falta alguna de estas herramientas?

7

David y Betsabé

Un matrimonio de segundas oportunidades

Jehová ha remitido tu pecado;
no morirás.
2 SAMUEL 12:13

Era una cálida noche de primavera en Jerusalén, y el rey se paseaba por la terraza de su palacio. Joab, su general de confianza, batallaba contra los ejércitos de Amón, y David había preferido hacer algo poco usual esta vez: se había quedado en casa en lugar de pelear con su ejército.

David se estiró y suspiró al doblar la esquina en la terraza del palacio. Sí, la vida le sonreía, y era agradable dedicar tiempo a él mismo. Entonces frenó de repente y parpadeó, preguntándose si era posible que lo que tenía enfrente fuera real.

Como era de esperarse, al divisar desde la terraza las casas que rodeaban el palacio, notó que en uno de los tejados había una mujer disfrutando de un baño. Vio… deseó… y urdió un plan… que culminó en acción: David envió a varios hombres de confianza a la casa de la mujer con instrucciones de llevarla al palacio del rey. Lo que empezó con simple lujuria desencadenó una compleja serie de sucesos que al final causarían gran sufrimiento y destrucción en la propia familia de David, y en muchos a su alrededor. Las acciones de David afirman lo que el profeta Oseas predijo en Oseas 8:7: “sembraron viento, y torbellino segarán”.

Hechos de las Escrituras

Casi todo el mundo ha experimentado algún momento decisivo que al parecer cambia el curso de su vida. Para Jim, como le he oído con frecuencia contar, fue la mañana del domingo en la universidad de Oklahoma cuando decidió no ir a la iglesia para poder estudiar para un gran examen el lunes. Había ido a la iglesia cada domingo desde que ingresó a la universidad, pero esta iba a ser una única falla por una emergencia. Y adivinen qué pasó. El domingo siguiente fue fácil tomar la misma decisión de estudiar en lugar de asistir a la iglesia. En poco tiempo Jim ya no iba nunca a la iglesia, y fue entonces cuando me conoció… ¡en plena crisis!

En este capítulo están a punto de conocer el momento decisivo de la vida de David. Hasta el capítulo 11 de 2 de Samuel, David se ha presentado como el siervo ideal del Señor, el hombre conforme al corazón de Dios que obedecía cada punto de la ley y cumplía celosamente cada mandato. Como resultado, Dios bendijo a David y a la nación de Israel mucho más de lo que jamás se hubiera pensado.

Pero todo estaba a punto de cambiar.

David eludió sus responsabilidades (2 Samuel 11:1)

Segunda de Samuel 11 empieza con esta declaración: “Aconteció al año siguiente, en el tiempo que salen los reyes a la guerra, que David envió a Joab, y con él a sus siervos y a todo Israel, y destruyeron a los amonitas, y sitiaron a Rabá; pero David se quedó en Jerusalén” (v. 1). Seguro que un maestro bienintencionado o sus padres les han dicho que “la mente ociosa es el taller del diablo”. Puesto que David no había ido a la guerra como se esperaba de un rey, tenía poco que hacer, y terminó en el lugar equivocado en el momento equivocado. Estaba donde no debía estar. Allí en su residencia, vagando por los pasillos, corredores y terrazas del palacio, estaba listo para meterse en problemas.

Tener demasiado tiempo libre puede ser perjudicial. Es bueno cumplir con los compromisos, trabajar en los negocios y enfocarse en la familia, la casa y las responsabilidades del trabajo. Estar donde deben estar y hacer lo que tienen que hacer los mantiene centrados y responsables.

David entretuvo la tentación (2 Samuel 11:2-4)

La mayoría de las personas suelen confundir la tentación con el pecado. La tentación de David ocurrió cuando vio a una mujer que tomaba un baño. Su pecado fue quedarse mirando, entreteniéndose lo suficiente para contemplar su belleza y lo suficiente para poner en marcha el plan de pecado al preguntar por ella, mandar a buscarla y finalmente acostarse con ella.

Cuando no se resiste la tentación, conduce al pecado. En el capítulo 1 de este libro presentamos a Adán y Eva. ¿Recuerdas el pecado de Eva? "Y vio la mujer que el árbol era bueno para comer, y que era agradable a los ojos, y árbol codiciable para alcanzar la sabiduría; y tomó de su fruto, y comió; y dio también a su marido, el cual comió así como ella" (Gn. 3:6). El pecado de Eva siguió la misma progresión que el de David: fue tentada cuando vio el árbol con el fruto codiciable, y su pecado empezó cuando quiso tener el fruto... que la llevó a tomar el fruto... y al fin terminó comiéndolo.

¿Cuál es la solución? ¿Cómo pueden manejar la tentación de tal manera que no los lleve a cometer actos pecaminosos? Dios dice que no debemos entretener la tentación, sino huir de ella. Los cristianos, tanto hombres como mujeres, esposos y esposas, deben huir "de las pasiones juveniles" (2 Ti. 2:22).

El lugar de trabajo es un caldo de cultivo para las tentaciones, donde "los romances de oficina" son una realidad. Como pareja, siempre que uno de ustedes está con otras personas y especialmente en el trabajo, donde todos se esmeran para causar la mejor impresión, es tentador sentirse atraído por uno de sus colegas. En el trabajo, por lo general todo es animado y libre de problemas, y todas las personas les dicen lo que quieren oír. En el trabajo se está libre de la responsabilidad de rendir cuentas por la conducta, y de las realidades del hogar donde la vida real está cargada de conflictos matrimoniales, protestas de hijos rebeldes y una lista interminable de tareas. Ah, y no olviden la montaña de cuentas por pagar.

Al primer asomo de cualquier tipo de coqueteo, o si alguien les presta demasiada atención, o si crece la atracción hacia un colega, sigan el consejo de Dios y huyan. Aléjense. Tomen distancia. Alguien que forma parte de una pareja conforme al corazón de Dios tiene ojos solamente para una persona: su esposo o esposa.

Los avances de David (2 Samuel 11:2, 4)

David sucumbió a la tentación al buscar a Betsabé. Pero ¿qué papel jugó Betsabé en todo esto? ¿Tenía parte de la culpa? Después de todo, Betsabé había decidido bañarse donde alguien podía verla. Si hubiera sido más recatada, tal vez habría tomado medidas para tomar un baño más privado. Sin embargo, al mismo tiempo es posible que ella esperara que el rey estuviera en la guerra, que no supiera que él podía verla desde su terraza.

Y ¿por qué no se negó ella a la citación de David en su palacio? Es posible que desconociera la intención de David cuando envió a sus mensajeros a llevársela. Pero cuando David empezó a hacer avances románticos, las Escrituras no sugieren que ella se resistiera. ¿Se sentía sola o vivía en un matrimonio sin amor? ¿Estaba cautivada por el rey y por la idea de que él solicitara su presencia? ¿Se sintió halagada por el hecho de que David la deseara? ¿Tendría miedo de decir algo porque él era el rey? Puesto que nada indica que ella hubiera resistido los avances románticos de David, existe la posibilidad de que ella consintiera en eso.

La solución fatal de David (2 Samuel 11:5-21)

Cualquiera haya sido la situación, ocurrió lo inevitable: las pocas horas que David y Betsabé pasaron juntos tal vez les parecieron dulces y hermosas, o por lo menos a él. La mayoría de las aventuras amorosas dan esta impresión ilusoria. Pero a los ojos de Dios, lo que había sucedido era adulterio. Era pecado. Y era horrible y espantoso.

Y para empeorar las cosas, Betsabé quedó embarazada.

El siguiente reto para David fue ingeniárselas para esconder su pecado y el embarazo de Betsabé, y especialmente evitar que su esposo se enterara. David, el líder del ejército y de todo lo relacionado con la guerra, decidió mandar al esposo de Betsabé, uno de sus soldados, de regreso a su casa como un aparente reconocimiento y recompensa, convencido de que él dormiría con Betsabé.

Pero su esposo era demasiado honesto. Dado que sus compañeros soldados seguían en el frente de batalla, declaró: "¿y había yo de entrar en mi casa para comer y beber, y a dormir con mi mujer?... yo no haré tal cosa" (v. 11). Urías, el dedicado esposo y soldado, no aceptaría el plan de David. Entonces, como último recurso, David ordenó a Joab, su general, poner a Urías en el frente de la línea de batalla y que las tropas lo abandonaran, para asegurar la muerte de Urías a manos del enemigo.

Al hacer esto, David añadió el asesinato a su pecado de adulterio.

El pecado de David sale a la luz (2 Samuel 12:1-23)

Después de que Betsabé observase el período reglamentario de luto por la muerte de su esposo, David la tomó como esposa. Puede ser que él haya respirado con alivio, dando por sentado que había logrado ocultar sus delitos. "Mas esto que David había hecho, fue desagradable ante los ojos de Jehová" (11:27).

Algunas de las mentiras de Satanás acerca del pecado son: (1) que nadie se va a enterar jamás, (2) que las consecuencias no serán tan malas. Claro, puede que las personas no se enteren de lo que han hecho, pero Dios sí lo sabe. Y Dios interviene. En el caso de David, Dios envió al profeta Natán a confrontar a David por su pecado. El pecado es costoso, y como resultado del pecado de David, el hijo de su aventura amorosa murió.

Por otro lado, los efectos del pecado nunca se limitan a quienes lo cometen. Las consecuencias del pecado pueden afectar a varias generaciones. Esto es lo que vemos en el caso de David. Tal vez a raíz de su ejemplo de impiedad, los hijos de David fueron rebeldes y cometieron incesto, asesinato y traición. Aun el propio hijo de David, Absalón, trató de asesinar a su padre. El profeta Natán le advirtió a David: "no se apartará jamás de tu casa la espada, por cuanto me menospreciaste" (12:10). Como resultado de su pecado, David nunca volvió a experimentar paz en su hogar o en su familia.

El pecado de David y de Betsabé perjudicó a un sinnúmero de personas. Y sobre todo, ofendió a Dios. Él dijo: "¿Por qué, pues, tuviste en poco la palabra de Jehová, haciendo lo malo delante de sus ojos?… me menospreciaste" (12:9-10). David lo tenía todo, ¡pero lo perdió todo por un momento de pasión!

La confesión de David (2 Samuel 12:13)

En David somos testigos de una realidad de la vida: nadie es perfecto, ¡ni siquiera nosotros! Sin embargo, una de las características de un hombre o de una mujer conforme al corazón de Dios es su disposición a reconocer y confesar su pecado. David no era perfecto, y se negó a reconocer su pecado con Betsabé durante casi un año. Si lees su confesión en Salmos 32, 38, y 51, puedes percibir la culpa y la agonía que experimentó en su corazón y en su alma por su pecado no confesado.

No. David no fue perfecto, pero se diferenció de su antecesor Saúl por su disposición a finalmente confesar su pecado. Saúl se inventó excusas. Nunca consideró que había fallado, sino que se creía una víctima. En cambio, David se postró delante del Señor arrepentido.

Dios quiere una pareja piadosa. Para ser esa clase de pareja, ustedes deben mantener sus cuentas cortas con el Señor. Deben estar dispuestos a reconocer sus faltas delante de Él, y de su pareja.

El perdón de David (2 Samuel 12:13)

Con la confesión de David vino el bendito perdón. David dijo a Natán: "Pequé contra Jehová". Y Natán le dijo a David: "También

Jehová ha remitido tu pecado; no morirás" (v. 13). Las Escrituras no lo dicen, pero si Betsabé fue cómplice, seguramente también reconoció su pecado y experimentó el perdón de Dios. Dios es misericordioso y está dispuesto a aceptar nuestra confesión, y se regocija en ofrecernos su perdón. A pesar de que no pueden borrar las consecuencias del pecado, pueden vivir con la plena seguridad del perdón completo de Dios.

El pecado de David con Betsabé fue una gran mancha en su legado (1 R. 15:5). Sin embargo, ni él ni Betsabé permitieron que eso arruinara el resto de sus vidas. David nunca se casó con otra mujer, y Salomón, su segundo hijo, fue elegido por Dios como sucesor de su padre. Dios perdonó a esta pareja que pecó, y siguió adelante con su plan. Parece que ellos también se perdonaron mutuamente, y prosiguieron una vida en armonía hasta el final de la vida de David. Y para añadir aún más bendición, Betsabé fue elegida como una de las cuatro mujeres que se menciona en la genealogía de Cristo (Mt. 1:6).

Síntesis

La primera mitad de la vida de David estuvo llena de guerras y conquistas. En su vida militar, David fue una súper estrella. Sin embargo, en su vida personal estuvo fuera de control, y un día, en un acto con una mujer llamada Betsabé, su vida y su liderazgo tomaron un rumbo equivocado. Fue de mal en peor al intentar encubrir su adulterio asesinando al esposo de Betsabé, quien es catalogado por uno de los comentaristas bíblicos como "el más leal de los hombres de David".[11]

Esta sórdida historia marcó un punto crítico y decisivo en la vida de David y en el estado interno de su reino. Hubo consecuencias graves, pero gracias a su confesión y arrepentimiento, y al perdón de Dios, él y Betsabé juntaron los pedazos y sacaron lo mejor de su relación.

Y Dios les dio a Salomón, cuyo nombre significa "Dios es su paz".[12] Sucedió a David como rey, y en general gobernó con sabiduría. Además, entró en el linaje mesiánico, es decir, el linaje de Cristo.

La historia de David y Betsabé es trágica, pero con la gracia de Dios lograron hacer funcionar su matrimonio.

Esta misma gracia de Dios está a disposición de ustedes como pareja. El pecado es una realidad en todo matrimonio pero, al igual que David y Betsabé, ustedes pueden arrepentirse, confesar y perdonar. Pueden reorganizarse y seguir adelante. Pueden tomar todas las lecciones aprendidas a través de las faltas y el fracaso, juntar sus manos y corazones, y avanzar. Con la gracia, la ayuda y la sabiduría de Dios, ustedes también pueden hacer funcionar su matrimonio.

• Lecciones de Betsabé para esposas •

1. *Aprende a vivir con un líder.* A pesar del mal comienzo de su relación, Betsabé estaba casada con un líder: con David, un poderoso general y rey. Una de sus virtudes fue su capacidad de apoyar y afianzar a David. Como se dijo anteriormente, ninguna otra esposa se menciona después de que David se casara con Betsabé. A lo largo de los años, e incluso en su lecho de muerte, parece que David escuchó a Betsabé. De hecho, vemos que Natán envió un mensaje importante para David por medio de Betsabé, cuando agonizaba (1 R. 1:11-18).

Tu esposo también es un líder. Si es un esposo, es un líder. Si tienen hijos, es un líder. Si gana un salario, es un líder. Ya sea en el vecindario, en el lugar de trabajo, en la iglesia o en un comité o equipo deportivo, él es un líder. No tiene que ser un rey o un general para serlo. Como hombre de Dios, un hombre en quien habita el Espíritu de Dios y a quien capacita, él es un líder. Tu tarea consiste en animarlo y apoyarlo en sus compromisos y responsabilidades.

2. *Mantén tus ojos fijos en el futuro.* He aquí un pensamiento reconfortante y alentador para una vida diaria victoriosa:

> Una lección que podemos aprender de Betsabé es que gracias a la seguridad del perdón de Dios, ella no

> permitió que un pecado arruinara su vida entera. Arrepentida, ella utilizó su error como una guía para una mejor conducta en el futuro. Cuando nos inquietamos por los pecados que Dios ha dicho que nunca más recordará en contra de nosotros, en realidad dudamos de su misericordia, perdemos poder espiritual y nos estancamos.[13]

Solo Dios puede darte, y te dará, una segunda oportunidad. Sea cual sea tu pasado, no lo traigas a tu presente. Puede que tu relación con tu esposo no haya tenido un mejor comienzo que la de David y Betsabé, pero con el perdón de Dios pueden seguir adelante. No mires hacia atrás, mira hacia delante. El futuro es brillante, y Dios tiene grandes planes para ti y para tu esposo.

3. *Una esposa con una misión.* Dios les dio a Betsabé y a David una segunda oportunidad y un segundo hijo. Podemos decir a favor de ella que al parecer tomó la determinación de ser la mejor esposa y madre. A pesar de la forma como empezó su relación con David, y del sufrimiento y dolor que habían sufrido ya, ella quiso aprovechar su segunda oportunidad. Una manera excelente en que ella pudo ayudar a su esposo fue preparar a Salomón, el hijo que les nació después, para ser líder del reino. En el texto bíblico no encontramos mucho acerca de Betsabé hasta que David está en su lecho de muerte y Salomón es un hombre adulto. No obstante, sabemos que estuvo ocupada durante todos esos años. Ella estaba entre bambalinas, callada y constantemente criando a Salomón, entrenándolo, amándolo y adiestrándolo. Un día él sería rey, y ella quería que estuviera listo y confiado.

¡Y sí que lo entrenó! Ella se consagró con tal diligencia a la tarea que Salomón mismo escribió más adelante en Proverbios 22:6: "Instruye [a Salomón] en su camino, y aun cuando fuere viejo no se apartará de él". La tradición afirma que fue Betsabé quien escribió Proverbios 31 para ayudar a preparar a Salomón a liderar desde el trono (Pr. 31:1-9) y a encontrar una buena esposa (vv. 10-31). Con razón Salomón llegó a ser el hombre más sabio sobre la tierra, y un gran rey. Su gran sabiduría y amor por Dios fueron probablemente un reflejo de la condición espiritual de su madre.

Tu misión es acompañar a tu esposo, estar junto a él en cuerpo, alma y corazón, en las buenas y en las malas, ayudarle a ser un líder en el hogar que ustedes dos están edificando. Apóyale en su trabajo, y anímale en todas las cosas. Y si tienen hijos, o cuando los tengan, cumple tu parte en criar a los hijos para que aprendan a amar a Dios, a su padre, a su familia, a servir a otros, a andar sabiamente y a ser miembros de la sociedad productivos y constructivos. Esa es tu misión, y es una misión importante.

4. *El recato es indispensable.* ¿Cómo terminó Betsabé en una relación inapropiada, inmoral e ilegítima con David? Fue descuidada en su comportamiento, actuando sin decoro en un lugar donde cualquiera podía verla. Como resultado, Betsabé, junto con David, cayó en el pecado y el sufrimiento. Fue una decisión que le costó caro porque al final condujo a la pérdida de su esposo, Urías, y del bebé que tuvo con David.

El recato nunca pasará de moda. Es un requisito de Dios para las mujeres de su pueblo en el pasado, el presente y el futuro. No cedas a las normas de la moda que establece tu cultura. Por supuesto, vístete bien y con estilo, pero con recato. Y asegúrate de enseñar el recato a tus hijas. ¿Cuál es la mejor manera de hacerlo? Darles ejemplo. Como mujer, como esposa y como madre conforme al corazón de Dios, aférrate a la norma de Dios. Tu esposo será honrado y Dios glorificado. ¿Qué más podrías pedir?

• Lecciones de David para esposos •

1. *La obediencia es la clave en la vida, y en el matrimonio.* Con todo lo que vimos acerca de David en este capítulo, sería difícil encontrar en él la cualidad de la obediencia. Sin embargo, Dios

nos dice en Hechos 13:22: "He hallado a David hijo de Isaí, varón conforme a mi corazón, quien hará todo lo que yo quiero" (Hch. 13:22). A pesar de los graves pecados de David, la obediencia fue siempre un rasgo predominante en su vida. Y cuando se le confrontó con su pecado, él se arrepintió.

Este notable rasgo del corazón de David debe ser tu anhelo como esposo. Ya sabes que no eres perfecto, y que no es posible serlo. Pero puedes seguir progresando en tu madurez espiritual y en tu servicio. ¿Y cómo progresas? ¿Cómo avanzas y creces? Lee la Palabra de Dios. Obedece la Palabra de Dios. Y cuando peques, confiesa rápido. Estos pasos te ayudarán a avanzar rápidamente hacia la meta de ser un hombre y un esposo conforme al corazón de Dios.

2. *Mira solo a tu esposa*. David tenía un problema con las mujeres. Era muy humano, y en la cultura actual sería considerado un mujeriego. Las mujeres eran su mayor debilidad. ¿Cómo lo sabemos? La ley de Dios mandó a los reyes no multiplicar sus esposas, para que no los apartaran de Dios (Dt. 17:17). Pero David no acató esta orden. Tuvo seis esposas antes de casarse con Betsabé, sin contar siquiera a todas sus concubinas (2 S. 5:13).

En lugar de seguir la ley de Dios, David siguió el ejemplo de otros reyes de oriente que tenían harenes para exhibir su riqueza y poder. David dejó que su cultura influyera sobre él para ir y satisfacer sus pasiones lujuriosas, y hacer caso omiso de la voluntad perfecta de Dios: una sola mujer para un solo hombre.

Da gracias a Dios por la esposa que te dio. Ámala. Adórala. Consiéntela. Bésala. Sé un hombre de una sola mujer que tiene ojos para su esposa y nadie más.

3. *Examina las grietas en tu armadura*. David tenía un problema, una grieta en su armadura espiritual. Y ese problema era la lujuria. ¿Cuáles son las grietas en tu armadura? Tú ya sabes cuáles son tus áreas débiles… y Dios también. ¿Por qué no reconocerlo? ¿Por qué no confesarlo delante del Señor? ¿Por qué no hacerles frente? ¿Y por

qué no seguir el reiterado mandato bíblico de "confesar" tu pecado secreto? No permitas que una pequeña grieta en tu armadura se convierta en un pecado que traiga consecuencias devastadoras.

4. *Confiesa rápido tu pecado.* David fue un hombre de Dios, antes y después de conocer a Betsabé. Pero hubo un período durante el cual tuvo problemas para confesar su pecado. David quería lo que quería, a Betsabé, y tomó lo que quería. Cometió adulterio y planeó la muerte del fiel esposo de Betsabé. De repente, su torrente de oraciones de arrepentimiento se detuvo. Dejó de presentar sus faltas delante de Dios para pedir perdón. Él, y su corazón, enmudecieron. David se aferró obstinadamente a su pecado durante casi un año, hasta que su hijo con Betsabé murió. Más adelante él describió su condición física durante ese largo año cuando su corazón se endureció contra el Señor:

> Mientras callé, se envejecieron mis huesos en mi gemir todo el día. Porque de día y de noche se agravó sobre mí tu mano; se volvió mi verdor en sequedades de verano. Mi pecado te declaré, y no encubrí mi iniquidad. Dije: Confesaré mis transgresiones a Jehová; y tú perdonaste la maldad de mi pecado (Sal. 32:3-5).

Como líder espiritual de tu matrimonio y de tu hogar, mantén despejado el camino que conduce a Dios. Usa parte de tu tiempo de oración diario para examinar tu corazón, confesar tu pecado, recibir el perdón de Dios y regocijarte en su amor. Imagina el bien que traerán estos pocos minutos de sinceridad ante Dios a tu vida y a tu relación con tu esposa.

5. *Sé un esposo conforme al corazón de Dios.* Al mirar en retrospectiva los matrimonios de David, y en especial con Betsabé, no podemos evitar sacudir la cabeza y clamar: "¡Por favor, Señor, no permitas que yo sea así!". Sin embargo, hay un puñado de verdades

que predominan en la vida de David y que surgen para ayudarnos, a ti y a mí, a ser esposos conformes al corazón de Dios.

Ama. El verdadero amor por tu esposa empieza con un amor vehemente por Dios y su Palabra. Un esposo conforme al corazón de Dios se compromete a seguir a Dios con todo su corazón, su alma, su mente y su fuerza. Tu esposa es bendecida cuando tú eres ese hombre.

Aprende. Tu Biblia es tu más grande mina de oro de información. Entre sus cubiertas encontrarás verdad, sabiduría, instrucción e inspiración que salen del corazón de Dios para ti. Añade a esto un poco de consejería cristiana, y estarás en ruta para convertirte en un mejor esposo, y listo para el siguiente paso que Dios tiene en mente para ti y para tu familia.

Lidera. Como hombre casado, tú tienes alguien a quien liderar: ¡tu maravillosa esposa! Y como un hombre conforme al corazón de Dios, tienes la fortaleza y el poder para convertirte en un líder en cada área de la vida.

Vive. Cada día, un día a la vez, toma la determinación de vivir plenamente. El futuro que Dios tiene para ti aún no ha sido revelado. Y tu pasado se ha ido, y ha sido perdonado. Así que la voluntad de Dios para ti está en el presente. En palabras del misionero mártir Jim Elliot: "Dondequiera que estés, sé todo lo que puedes ser. Vive a fondo cada situación que crees que es la voluntad de Dios".

Construyan un matrimonio duradero

David y Betsabé. Aun hoy cuando leemos estos dos nombres, el primer pensamiento que viene a nuestra mente es tal vez negativo y crítico. "Oh, sí, ¡he oído de ellos! David cometió adulterio con ella y planeó matar a su esposo". Pero antes de dejar avanzar demasiado lejos sus pensamientos negativos, piensen en la lección que nos deja su ejemplo más de 3.000 años después.

Fueron una pareja que cometió faltas, terribles y devastadoras. Pero también hicieron lo correcto frente a su pecado. Reconocieron sus faltas, se acogieron a la gracia de Dios, y recibieron su perdón misericordioso y compasivo.

Además son una pareja que, con toda humildad, aceptó el perdón de Dios. Él, el Dios del universo, les extendió su gracia y una segunda oportunidad llena de vida. Y ellos la tomaron. Son innegables las consecuencias devastadoras y los efectos colaterales del pecado que tuvieron que afrontar David y Betsabé todos los días de sus vidas. Sin embargo, hay que reconocer que lograron sobreponerse, permanecer unidos y seguir adelante.

En su relación matrimonial sucederán cosas que precisen perdón. Y ya han ocurrido antes en su relación matrimonial pecados que requieren perdón. La fórmula divina para los fracasos pasados, presentes y futuros es siempre la misma: perdonar. Sean grandes o pequeñas, todas y cada una de las ofensas deben perdonarse.

La experiencia de David y Betsabé les habla hoy, ahora mismo, como pareja. Dios no revela todos los detalles acerca de cómo David y Betsabé solucionaron sus problemas y lograron perdonarse mutuamente, pero ustedes saben exactamente lo que Dios les dice hoy que deben hacer acerca del perdón en su matrimonio: deben perdonarse, punto. De hecho, es un mandato. Consideren seriamente estas instrucciones de la Palabra de Dios. Pero ante todo, pónganlas en práctica:

> Vestíos, pues, como escogidos de Dios, santos y amados, de entrañable misericordia, de benignidad, de humildad, de mansedumbre, de paciencia; soportándoos unos a otros, y perdonándoos unos a otros si alguno tuviere queja contra otro. De la manera que Cristo os perdonó, así también hacedlo vosotros. Y sobre todas estas cosas vestíos de amor, que es el vínculo perfecto (Col. 3:12-14).

Quítense de vosotros toda amargura, enojo, ira, gritería y maledicencia, y toda malicia. Antes sed benignos unos con otros, misericordiosos, perdonándoos unos a otros, como Dios también os perdonó a vosotros en Cristo (Ef. 4:31-32).

8

Zacarías y Elisabet

Compañeros con corazones puros

Ambos eran justos delante de Dios,
y andaban irreprensibles en todos los mandamientos
y ordenanzas del Señor.
LUCAS 1:6

Mientras Elisabet realizaba todas sus tareas cotidianas en la casa que compartía con su esposo de muchos años, no podía dejar de pensar en él. Le amaba tanto, su compañero fiel, su primer y único amor verdadero, su mejor amigo. Zacarías apenas se había ido un par de días, y todavía faltaban cinco para su regreso. Claro, ella sabía que siete días no eran mucho, y su ausencia era más bien infrecuente. Su esposo solo se iba cada seis meses durante una semana. Ella tenía el honor de estar casada con un hombre de la orden sacerdotal. Zacarías no solo tenía el oficio de sacerdote, sino que vivía como tal. Era bondadoso, generoso, piadoso, amoroso, y sobre todo, comprensivo dada la condición de su esposa que la exponía al escándalo público.

Elisabet era estéril.

Todas las demás esposas en el pueblo tenían montones de hijos. ¡Hijos y más hijos! Y ahora sus hijos tenían hijos. Ella podía percibir el gozo de ellas a través de sus ojos llenos de pesar, cada vez que iba al pozo y al mercado para atender las necesidades de ellos dos: Zacarías y ella.

Sí, la esterilidad se consideraba una maldición divina en la cultura judía donde vivía esta pareja conforme al corazón de Dios. ¡Elisabet ha sufrido el desprecio durante décadas!

Sin embargo, ella y Zacarías no han perdido la esperanza. A Elisabet la consolaba el hecho de que otras mujeres como Sara, Rebeca, Raquel y Ana también habían sido estériles, y a pesar de eso Dios intervino, concibieron y dieron a luz hijos, hijos que habían crecido y se habían convertido en patriarcas y sacerdotes por derecho propio.

Elisabet se aferró a la esperanza y siguió confiando en Dios. Se esforzaba por olvidar el hecho de que superaba la edad de concebir, que el tiempo se agotaba… si no se había agotado ya.

Y estaba Zacarías. Cuánto deseaba ella que él dejara de recordarle que era un anciano. Eso la asustaba y apagaba el sueño de tener un bebé. Ella seguía viéndolo como el joven guapo en su celebración de bodas.

Sin embargo, a lo largo de sus muchos años de vergüenza, desconcierto y aflicción, tanto Elisabet como Zacarías buscaron de todo corazón vivir piadosamente ante los ojos de Dios, observar cuidadosamente los mandamientos y ordenanzas del Señor, y agradar al Dios de sus padres. Eso no significaba que no pecaban. Pero tenían la intención de seguir fielmente la voluntad y los caminos de Dios tal como estaban expresados en la ley y los profetas. Con unos corazones como esos es obvio que, contrariamente a las especulaciones de la gente, esta pareja no tenía hijos por razones físicas, no espirituales.

Elisabet, absorta de nuevo en sus pensamientos, poco sabía que el escenario estaba listo para un milagro. La situación de esta dulce y consagrada pareja estaba a punto de servir como una oportunidad extraordinaria para que Dios demostrara su total soberanía en los asuntos humanos. Por la acción sobrenatural de Dios, como sucedió a otras parejas en el pasado, Dios daría, en su tiempo perfecto, un hijo a esta pareja piadosa. Y no cualquier hijo, sino uno que prepararía el camino para el Mesías tan anhelado.

Hechos de las Escrituras

Zacarías y Elisabet constituyen un ejemplo extraordinario de lo que es una pareja conforme al corazón de Dios, y de cómo una pareja vive la obediencia a Dios en la vida real de todos los días. Esto es lo que sabemos acerca de esta pareja que vivió hace tantos siglos en las colinas de Judá.

Una pareja poco común (Lucas 1:5-7)

¿Se imaginan poder investigar su linaje desde hace miles de años? Pues bien, esta pareja conforme al corazón de Dios podía hacerlo. Ambos eran del linaje sacerdotal de Aarón, el hermano de Moisés y el primer sacerdote de Israel. Y además de su ilustre estirpe, Dios declara esta asombrosa evaluación de su carácter: ambos eran justos delante de Dios (Lc. 1:6).

Al igual que Adán y Eva, que al principio caminaron con Dios al aire del día y obedecieron sus mandatos, Zacarías y Elisabet también vivieron en obediencia, conforme a todos los mandamientos y ordenanzas del Señor (Lc. 1:6). Como resultado, Dios se dispuso a usarlos como sus instrumentos para traer un mensajero que anunciaría la venida del Hijo de Dios, el Mesías. ¡La luz está a punto de penetrar en la oscuridad!

Una oportunidad única (Lucas 1:8-10)

La primera vez que vemos a Zacarías, está ofreciendo incienso junto al velo que divide el lugar santo del lugar santísimo. Lucas relata que le correspondía el turno a la clase de Zacarías. Esta clase era uno de los 24 grupos de sacerdotes que el rey David había reunido y organizado (1 Cr. 24:7-18). Los sacerdotes de cada clase tenían dos turnos al año, cada uno de una semana. Durante años, Zacarías había realizado diferentes labores en el templo dos veces al año. Pero en esta ocasión fue diferente. Esta vez fue elegido por sorteo entre todos los sacerdotes que presidían, para una tarea especial.

Zacarías sabía exactamente lo que tenía que hacer. Había practicado toda su vida para esta oportunidad única. El incienso del que Zacarías era responsable simbolizaba las oraciones de toda la nación de Israel. Por consiguiente, en ese momento particular, Zacarías era el punto central de la nación judía entera, mientras los adoradores oraban fuera del templo y esperaban a que él terminara la ofrenda.

Un visitante inusual (Lucas 1:11-17)

A solas en sus pensamientos y oraciones mientras preparaba el incienso para el altar, Zacarías quedó totalmente estupefacto por lo que apareció, o más bien cabe decir, ¡por *quién* apareció! ¡Vio al ángel Gabriel de pie al lado derecho del altar (v. 11)! Zacarías tuvo miedo, como lo tendría cualquier persona en su sano juicio al ver un ser celestial. Sin embargo, el ángel le tranquilizó y le dio buenas noticias, diciendo: "Zacarías, no temas; porque tu oración ha sido oída, y tu mujer Elisabet te dará a luz un hijo, y llamarás su nombre Juan" (v. 13). En seguida, Gabriel le dio los detalles acerca de los seis papeles que desempeñaría en su vida Juan, el hijo de Zacarías (vv. 14-17).

Una reacción de incredulidad (Lucas 1:18-22)

Zacarías dudó que él y Elisabet pudieran tener un hijo. Después de todo, los dos eran ancianos. No obstante, el ángel se identificó como "Gabriel, que estoy delante de Dios; y he sido enviado a hablarte, y darte estas buenas nuevas" (v. 19). Él aseguró a Zacarías que estas buenas noticias venían del Señor.

A partir del momento en que Zacarías cuestionó al ángel con escepticismo, perdió el habla, lo cual fue en parte un castigo por su incredulidad. Sin embargo, también era una señal que, en el Antiguo Testamento, acompañaba con frecuencia una palabra de profecía. Durante los nueve meses siguientes, el silencio de Zacarías sería la prueba del cumplimiento del mensaje de Gabriel.

Cuando Zacarías por fin salió del templo, solo podía comunicarse por medio de señales con sus manos. Los que esperaban afuera se dieron cuenta de que había ocurrido un milagro, que Zacarías había tenido una visión.

Una respuesta inspiradora (Lucas 1:23-25)

Después de cumplir su deber en el templo, un Zacarías mudo regresó a casa en las colinas de Judá. Como lo había predicho el ángel Gabriel, Elisabet quedó embarazada y se quedó en casa durante cinco meses. En el silencio de su retiro, Elisabet reconoció su dicha de poder al fin tener un bebé. A diferencia de su esposo, ella respondió con la absoluta seguridad de que Dios era la fuente de su gozo: "Así ha hecho conmigo el Señor en los días en que se dignó quitar mi afrenta entre los hombres" (v. 25). En ese momento, Elisabet no indicó que supiera algo acerca del destino de su hijo. Sin embargo, puesto que ella sabía incluso antes de que Zacarías hablara cuál era el nombre del bebé (v. 60), es probable que su esposo le hubiera comunicado toda la visión a través de la escritura.

Una bendición inesperada (Lucas 1:39-45)

Como ya nos ha relatado la Palabra de Dios, Elizabet era una mujer justa e intachable. Sin embargo, pronto experimentó lo que pocos santos vivieron en el Antiguo Testamento: fue llena del Espíritu Santo cuando recibió la visita de su prima María. Con la guía de Dios, Elisabet pronunció verdades asombrosas acerca de su joven prima, María, cuando entró en la casa de Elisabet. Elisabet percibió lo que le sucedía a María: que estaba embarazada, que el plan de Dios para salvar a la humanidad estaba en curso, y que a María se le había concedido la bendición especial de dar a luz al Hijo de Dios, el Mesías, Jesucristo el Señor.

Un discurso espontáneo (Lucas 1:67-79)

Por fin le llegó la hora a Elisabet de dar a luz un hijo, tal como el ángel Gabriel había profetizado. Cuando le preguntaron cuál era el nombre del bebé, ella respondió "Juan" (v. 60). A la gente le pareció una respuesta muy extraña. ¿Acaso no debía llamarse el niño como su padre o algún familiar? ¿Por qué Juan? ¿De dónde vino ese nombre?

Entonces le preguntaron a Zacarías acerca del nombre del niño, y él confirmó la respuesta de Elisabet escribiendo en una tablilla "Juan es su nombre" (v. 63). En ese instante, y milagrosamente, Zacarías recuperó la voz. Asombrados, los presentes supieron que algo extraordinario había sucedido. Zacarías, al igual que Elisabet, fue lleno del Espíritu Santo y pronunció una profecía maravillosa acerca de la promesa de salvación de Dios para la nación. Reveló que su hijo Juan sería llamado "profeta del Altísimo... porque irás delante de la presencia del Señor, para preparar sus caminos, para dar conocimiento de salvación a su pueblo, para perdón de sus pecados" (vv. 76-77).

Síntesis

Traten de imaginar esto: han pasado 400 años desde que Dios habló al hombre por última vez. En un lugar apartado de Israel, una pareja piadosa pero estéril, Zacarías y Elisabet, estaba a punto de ver la recompensa de su amor y su devoción. Claro, había amor y devoción del uno por el otro. Pero más que eso, había amor y devoción en ambos corazones hacia su Dios.

Dios, en su tiempo, envió a su ángel Gabriel con buenas noticias de la pronta llegada del precursor, el mensajero del Mesías. Gabriel dio al sacerdote Zacarías las nuevas de un hijo. Gabriel se apareció en privado a Zacarías mientras cumplía con sus deberes en el templo en el altar del incienso. Sin la presencia de testigos, Gabriel describió los hechos inminentes que cambiarían el mundo.

Puede ser que la edad de Zacarías o los años de espera y desilusión pesaran sobre él, pero cualquiera que fuese la razón, él manifestó su duda frente al ángel enviado por Dios. Se cuestionaba cómo era posible que él y Elisabet tuvieran un bebé en esa etapa de sus vidas. Primero, Gabriel le garantizó la veracidad del mensaje porque provenía de la boca misma de Dios. Y luego le anunció que Zacarías quedaría mudo hasta el nacimiento del niño. La Palabra de Dios no tardó en confirmarse cuando Elisabet quedó encinta.

Elisabet y Zacarías, una pareja que había pasado toda su vida adulta consagrada a obedecer los mandamientos de Dios, ahora tenía solo nueve meses para preparar la llegada y el entrenamiento de este niño especial. Esta pareja conforme al corazón de Dios, estos compañeros de pureza, se convirtieron, tal como Dios lo había prometido por medio de su mensajero el ángel Gabriel, en los padres del mensajero de Dios para su Hijo. Este fue el tributo y el dictamen de Jesús acerca del hijo de ellos, Juan: "Entre los que nacen de mujer no se ha levantado otro mayor que Juan el Bautista" (Mt. 11:11).

• Lecciones de Elisabet para esposas •

1. *Tus sueños no siempre se hacen realidad.* Elisabet fue una mujer bendecida. Para empezar su lista de bendiciones, era hija de un sacerdote de Israel. Podía rastrear su linaje hasta Aarón, el primer sumo sacerdote de Israel. De hecho, ella llevaba el nombre de la esposa misma de Aarón, Elisheba o Elisabet, que significa "Dios es mi juramento". Además, se había casado con un sacerdote respetable. Todos habían pronosticado a esta pareja una larga vida con muchos hijos. Pero por desdicha, la vida real no sucedió conforme a los pronósticos. Y en lugar de verla como una mujer bendecida, la comunidad religiosa vio la esterilidad de Elisabet como una maldición de Dios.

¿Cómo ha resultado la vida para ti? Tal vez todos tus sueños se han cumplido, o tal vez sientes que todavía esperas que la vida empiece. Tal vez sientas que hay más dolor y desilusión de lo que puedes soportar. La vida ha sido un camino de desvíos, obstáculos y barreras inamovibles. Esta fue la historia de Elisabet: una vida de sueños frustrados. Pero en lugar de entregarse a la autocompasión, Elisabet eligió usar su condición para adquirir fortaleza espiritual. Rehusó dejar que su pena la hundiera. Antes bien, se levantó y echó mano de la fortaleza de Dios.

¿Cómo afrontas las desilusiones, el desánimo, la adversidad y los sueños rotos? Aprende de Elisabet, cuyo nombre significa "Dios es mi juramento". Sin importar cuál sea tu situación, busca la fortaleza de Dios para cada día. Una mujer conforme al corazón de Dios no mira los problemas del día, ¡sino el poder de su Dios para ayudarla a afrontarlos! Al igual que Elisabet, aférrate a Dios, sean cuales sean tus circunstancias.

2. *Tú puedes sobreponerte a tus circunstancias*. Proverbios 31:12 nos habla de una mujer virtuosa que "le da bien y no mal todos los días de su vida" a su esposo. Elisabet fue una mujer a quien Dios llamó "irreprensible", una esposa virtuosa. El estigma de la esterilidad debió de pesar mucho sobre ella. Esta carga pudo haber afectado a su personalidad y su actitud. Hubiera sido fácil para ella hundirse en la depresión, la desesperanza y el desaliento. Pero no fue así. Elisabet se propuso vivir una vida pura conforme a la ley, ser una esposa "irreprensible", y fortalecerse en el gozo del Señor a pesar de su situación.

La actitud de Elisabet ante la vida y frente a la adversidad era algo que "provenía de Dios". Solo Dios puede traer contentamiento y paz en las circunstancias de tu vida. Cuando tu fortaleza mengua, cuando sientes tristeza o la desesperación entra en tu alma, mira la Palabra de Dios. Te dará fortaleza abundante para enfrentarte al desaliento y las adversidades día a día. La Palabra de Dios iluminará tu camino tenebroso de desesperación y desilusión. No tienes que perderte en un agujero oscuro de desesperanza. Sigue la luz que te conduce a la productividad y a la paz mental, a la esperanza.

3. *Siempre es posible crecer espiritualmente*. Elisabet soportó años de desprecio por parte de su comunidad. ¿Cómo pudo soportar el vituperio? Lucas 1:6 nos da la respuesta: ella anduvo "irreprensible en todos los mandamientos y ordenanzas del Señor", lo cual significa que ella fue intachable. No sucumbió a la envidia, no arremetió contra alguien, no se vengó, no trató de defenderse o aclarar la

situación, ni pasó horas cada día pensando en cómo desquitarse de quienes la atormentaban. Ella no culpó a Zacarías, y no culpó a Dios, ni se alejó de Él ni se rindió.

No. Elisabet eligió invertir las horas de su día para acercarse a Dios, resistir la preocupación por sus carencias y enfocarse en lo que sí tenía. No le importó lo que pensaban otras personas de ella, ¡pero sin duda valoraba lo que Dios pensaba de ella! Su corazón estaba consagrado a vivir para Dios y a vivir conforme a su Palabra.

Elisabet fue una admirable mujer y esposa conforme al corazón de Dios. Igualaba a su esposo, el sacerdote, en madurez espiritual... ¡un buen modelo para todas las esposas cristianas! Aun en el matrimonio, y tal vez como resultado de él, tienes que proponerte crecer al máximo espiritualmente.

Tú no puedes controlar el crecimiento espiritual de tu esposo, pero sí puedes controlar el tuyo. ¿Qué producirá en ti ese crecimiento? Te convertirás en una esposa que anda por el Espíritu. Serás una esposa llena del amor, el gozo, la paz, la paciencia, la benignidad, la bondad, la fe, la mansedumbre y la templanza que vienen de Dios, que son el fruto de su Espíritu (Gá. 5:22-23). Tú cumples con tu parte de ser intachable, y ora para que tu esposo quiera seguir el ejemplo de Zacarías en su andar con Dios.

4. *Primero lo primero*. ¿Te das cuenta de que el tiempo que pasas leyendo y estudiando la Palabra de Dios y orando de rodillas son tiempos santos de preparación no solo para ti misma, sino también para ministrar a otros? Y ese ministerio empieza ahí mismo en tu propia casa. La eficacia de tu ministerio a tu esposo, a tus hijos y a otras personas, será directamente proporcional al tiempo que pasas lejos de la gente y en privado con Dios en un tiempo diario de quietud y preparación. Otros que necesitan ayuda o ánimo serán atraídos por la influencia de tu vida piadosa.

¿Quiénes son esos "otros"? Tal vez otros como... ¡María! Cuando el ángel Gabriel anunció a María que ella traería al mundo al Salvador, le informó que su pariente Elisabet también iba a tener un bebé. Sin nadie que pudiera ayudarle a entender lo que sucedía, María emprendió un viaje para ver a Elisabet. Siendo que era una "anciana" piadosa, seguramente Elisabet tenía sabiduría que ofrecer a María, que era apenas una adolescente. Salieron chispas cuando estas dos mujeres bendecidas y consagradas al Señor se reunieron y se bendijeron mutuamente, exaltaron al Señor y afirmaron sus papeles en el plan de Dios.

• Lecciones de Zacarías para esposos •

1. *Lo que importa es tu corazón.* Como hombre y esposo cristiano, tú quieres que la piedad sea la cualidad más sobresaliente de tu vida, ¿no es así? Entonces Zacarías, un hombre de Dios, da pistas acerca de cómo puedes ser un hombre y esposo conforme al corazón de Dios. Así es como se describen el corazón y la vida interior de Zacarías: era justo delante de Dios y un hombre "irreprensible" (Lc. 1:6).

Muchos esposos se ven piadosos a los ojos de los demás, y especialmente en la iglesia. Juegan extremadamente bien al "juego de la iglesia". Profesan la fe en Cristo y *exhiben* todas las actividades externas de la piedad. Pero fallan a los ojos de Dios. No son irreprensibles en su vida diaria, y ni siquiera intentan serlo. En cambio, Zacarías caminó con Dios diariamente, durante décadas y aun en su vejez... ¡hasta el día en que entró en el cielo!

Tal vez te preguntes: *¿cómo pudo él hacer eso? Y si él pudo hacerlo, ¿por qué yo no? ¿Qué me hace falta? ¿Estoy dispuesto a hacerlo?*

Zacarías te muestra lo que hay que hacer. Él estaba consagrado a obedecer la Palabra de Dios. La Biblia dice que Zacarías pasó su vida andando "en todos los mandamientos y ordenanzas del Señor" (1:6). Este hombre no se limitó a obedecer algunos mandamientos de Dios. Dice que *todos.* Hoy diríamos que Zacarías cumple con todos los requisitos del Nuevo Testamento para ser un anciano o líder, alguien que debe ser "irreprensible" (1 Ti. 3:2).

Entonces, ¿qué se necesita para ser un hombre conforme al corazón de Dios? Es preciso tener un conocimiento básico de la

Palabra de Dios. Es necesario estudiar la Palabra. Y es preciso tener un deseo profundo de obedecerla. Dios no ha establecido normas imposibles para su pueblo. Su Palabra dice que un hombre puede ser irreprensible, y Zacarías constituye un ejemplo para ti de esa medida.

2. *El matrimonio es en lo bueno y en lo malo.* Ya hemos observado que Zacarías y Elisabet sufrieron el estigma social de no tener hijos, un problema que afrontaron varias parejas que hemos estudiado en este libro. Estas parejas nos enseñan que siempre habrá algún tipo de dificultad que aflija a un matrimonio. Siempre habrá algún problema o molestia que pueda causar dificultades a largo plazo. Un solo problema constante puede consumir la vida y la fuerza de su matrimonio.

Sin embargo, Zacarías y Elisabet se salieron del molde. Ellos sobrellevaron la carga emocional de la infertilidad a lo largo de todo su matrimonio. Y aun así, la Biblia declara que ambos eran justos delante de Dios. Esta pareja se negó a permitir que una circunstancia adversa afectara a su relación con Dios y su amor mutuo.

¿Y qué de ti? ¿Eres un Zacarías, un esposo que se mantiene amando a su esposa a pesar de todo? ¿"En lo bueno y en lo malo"? Quizá pensaste que tu esposa era prácticamente perfecta el día que te casaste con ella, que ella sería la compañera ideal para ti. ¿Acaso el amor piadoso no seguirá viéndola perfecta? Sin importar cuánto tiempo hayan estado casados, o lo que les sobrevenga, tú puedes amarla. La justicia exige de tu parte un amor desinteresado.

3. *Comprométete a orar por tu esposa.* Tú esperarías que un esposo piadoso ore fielmente por su esposa, ¿no es así? Especialmente si él sabe que ella lleva día tras día una carga muy pesada. Zacarías lo hizo. Cuando el ángel Gabriel habló a Zacarías, dijo: "no temas; porque tu oración ha sido oída, y tu mujer Elisabet te dará a luz un hijo, y llamarás su nombre Juan" (Lc. 1:13). Las palabras del ángel

dejan claro que Zacarías había orado para que Elisabet tuviera un hijo. Tal vez había orado por este asunto durante años, y tal vez estaba orando por eso cuando el ángel le habló, justo frente al altar cuando cumplía sus deberes sacerdotales. Las oraciones de Zacarías a favor de su esposa son un modelo para tu misión como esposo.

¿Quieres ser un esposo más amoroso y cuidadoso? Entonces tu primera tarea consiste en determinar cuál es la carga, el reto o la aflicción principal que afronta tu esposa, y luego orar fielmente por ella. Puede que ya sepas cuál es, y simplemente no has sido tan fiel como deberías para presentar su dificultad a Dios y pedir su ayuda. Entonces ha llegado la hora de empezar. Y si no sabes cuál es su problema, pregúntale… y haz el compromiso serio de orar por ella acerca de ese asunto. Imagina lo maravilloso que será para ella saber que tú la acompañas a sobrellevar su mayor carga… juntos. Y además saber que al menos una persona, la persona más importante en su vida (¡tú!) es fiel en presentar su causa ante el Dios amoroso y todopoderoso del universo para pedir ayuda.

4. *Sé fiel en todo, en lo grande y en lo pequeño.* ¿Sientes a veces que tu trabajo es aburrido, insignificante e infructuoso? Si alguien hubiera podido pensar que su profesión era un poco aburrida, es Zacarías. Se calcula que había al menos mil sacerdotes en cada una de las 24 clases, y que cada una servía en el templo únicamente dos semanas al año. Eso supone 24.000 sacerdotes. Ahora hagamos las cuentas: eso significa que cada sacerdote esperaba alrededor de 50 semanas solo para hacer su trabajo. Era un trabajo importante, y un inmenso privilegio, pero con tantos sacerdotes y el tiempo inactivo, algunos podían sentir que su trabajo era un poco insignificante.

Sin embargo, en esto Zacarías tampoco fue el hombre típico. Él comprendió que servía a Dios, sin importar qué papel le asignaban, sin importar la espera de su día de servicio para presentarse. Con todo, Dios honró grandemente la fidelidad de Zacarías al ser uno de los pocos elegidos para ofrecer el incienso en el lugar santísimo.

Este humilde sacerdote te deja ver claramente un ejemplo poderoso de fidelidad.

También se espera de ti que seas fiel. ¿Por qué? Porque como siervo de Dios, se requiere que seas hallado fiel (1 Co. 4:2). Debes ser fiel de palabra y de hecho (Col. 3:17). Además, la fidelidad es un fruto del Espíritu (Gá. 5:22). ¿Cuál es la conclusión? La fidelidad es una cualidad piadosa. Sé pues fiel en tu trabajo. Pero al mismo tiempo, no descuides tu fidelidad de nutrir a tu esposa y a tu familia en las cosas de Dios. Sé fiel en proveer para tu familia, y sé especialmente fiel a tus votos de amar, valorar y honrar a tu esposa.

Construyan un matrimonio duradero

Debo decir que mi esposa, Elizabeth, en verdad comprende y vive sus papeles y responsabilidades como esposa. Y doy gracias a Dios por su deseo de ser una mujer y esposa conforme al corazón de Dios. Aun así, yo no puedo obligarla a leer su Biblia, orar, ir a la iglesia o participar en un estudio bíblico. Ella debe tomar esas decisiones por sí misma. Claro, yo puedo orar, sugerir, proponer y animarla, pero al final Elizabeth debe tener el anhelo de crecer.

Lo mismo es cierto en mi caso. Elizabeth no puede hacerme crecer como cristiano, esposo o líder espiritual. Es mi deber anhelar crecer.

Lo mismo es cierto para ti y para tu esposa. Ninguno de ustedes puede hacer que el otro crezca o anhele las cosas del Señor. ¿Qué puede hacer una pareja?

En primer lugar, *¡hablar!* Hablen al respecto. Así como la comunicación es clave en su matrimonio, es clave para diseñar un plan de crecimiento. Hablen acerca de lo que cada uno de ustedes hace o no por su crecimiento espiritual. Hablen acerca de lo que les gustaría que sucediera, y lo que creen que será necesario para crecer. Hablen acerca de qué tipo de materiales podrían usar o qué herramientas podrían ayudar (tal vez una Biblia con comentarios de estudio, un plan de lectura bíblica, un libro devocional sobre los nombres o atributos de Dios, o la vida de Cristo, algo que puedan leer juntos). Ustedes son una pareja única, así que busquen un plan que funcione bien para los dos.

Su objetivo final es que ambos, esposo y esposa, se comprometan a seguir creciendo espiritualmente. Y aquí es donde comienza el reto. Un compromiso a crecer, y hacerlo juntos, es un paso gigante. Hagan, pues, lo que sea necesario para mantenerlo. Consideren hacer un pacto. Tal vez incluso podrían hacer un acuerdo por escrito.

Incluyan también algunos elementos divertidos en su nuevo esfuerzo conjunto. Organicen una cita semanal para hablar acerca de su semana, de lo que aprendieron, de las dificultades, de los cambios que han observado en cada uno de ustedes. Una pareja a la que conocemos ha ido a un restaurante de comida rápida para comer una patata horneada cada miércoles en la noche, ¡y lo han hecho durante treinta años! Es una cita permanente que ambos disfrutan. Repito: hagan todo lo que sea necesario para establecer y animar el deseo mutuo de crecer espiritualmente.

Su decisión y compromiso de enfocarse en su crecimiento en Cristo será un paso determinante que les permitirá avanzar en su propósito de convertirse en una pareja conforme al corazón de Dios. Sin esta determinación entusiasta para crecer y alcanzar la madurez, les será difícil mantenerse en su andar con Dios como individuos y en especial como pareja. Todo lo que logren avanzar más allá de este punto de partida con Dios como el centro de sus vidas y de su matrimonio, les permitirá más adelante edificar una relación fuerte con Dios. Recuerden lo que el versículo lema de este capítulo declaró acerca de Zacarías y Elizabet: "ambos eran justos delante de Dios, y [ambos] andaban irreprensibles en todos los mandamientos y ordenanzas del Señor" (Lc. 1:6).

He aquí un ejercicio que pueden hacer juntos: oren conforme a este versículo y luego pongan sus nombres en los espacios en blanco que aparecen abajo. ¿No les gustaría que este fuera un epitafio y un sumario conmemorativo de sus vidas como pareja, aun en sus lápidas? ¡Es solo una idea!

____________ y ____________
eran ambos justos delante de Dios,
y ambos andaban irreprensibles
en todos los mandamientos
y ordenanzas del Señor.

9

José y María

Una pareja en crisis

Estando desposada María su madre con José,
antes que se juntasen,
se halló que había concebido del Espíritu Santo.
José su marido, como era justo, y no quería infamarla,
quiso dejarla secretamente.
MATEO 1:18-19

"¡Gracias, Señor, por otro día maravilloso!", exclamó José al abrir las puertas de su casa taller. José estaba en la cima del mundo. Había sido entrenado por su padre en un oficio útil, uno que esperaba transmitir a un hijo propio en el futuro.

Un hijo propio. José sonrió al dirigir sus pensamientos hacia su prometida, María. Años atrás, sus padres habían acordado que los dos se casarían en el tiempo indicado. Y ese momento se acercaba rápidamente. La vida era breve, y las parejas, o al menos las mujeres, se casaban jóvenes. María acababa de cumplir la edad para casarse, y los planes para la boda estaban a toda marcha.

José estaba emocionado hoy porque su amada María regresaba después de visitar a su prima Elisabet, y por fin iba a verla. Habían pasado tres meses completos desde que María se había ido de Nazaret. José estaba ansioso por el regreso de su amada novia.

Pero todavía faltaba un buen rato para que María apareciera. Así que para pasar el tiempo, José fue a su taller para trabajar en un mueble para su futuro hogar juntos.

Hechos de las Escrituras

En las Escrituras, dos parejas se destacan como un modelo de la educación judía conforme al Antiguo Testamento. Conocimos a la primera pareja en el capítulo anterior: Zacarías y Elisabet. Y ahora la Biblia nos presenta la historia de la segunda pareja: José y María. Este esposo y esposa jugarán un papel aún más determinante en los sucesos tocantes al nacimiento y ministerio de Jesucristo, el Salvador del mundo.

El anuncio del ángel (Lucas 1:26-38)

Un día, durante el período de desposorio o compromiso de José y María, ella recibió una visita del ángel Gabriel. El ángel dijo a María: "concebirás en tu vientre, y darás a luz un hijo, y llamarás su nombre Jesús" (v. 31). Este anuncio presentaba cierto problema. Puesto que María todavía no se había casado, era virgen. ¿Cómo se supone que iba a concebir? Pero ella no rechazó el anuncio. Antes bien, se sometió humildemente al plan de Dios, diciendo: "He aquí la sierva del Señor; hágase conmigo conforme a tu palabra" (v. 38).

Sin embargo, la obediencia de María al llamado de Dios para su vida supondría una crisis posterior. Cuando José, que aún no conocía el plan de Dios, se enterara de que María estaba encinta, pensaría en cancelar su compromiso.

Afirmación de Elisabet (Lucas 1:36-56)

María tenía probablemente unos catorce años cuando recibió el anuncio de Gabriel. Después de que Gabriel anunciase que María daría a luz a Jesús, también mencionó este hecho: "he aquí tu parienta Elisabet, ella también ha concebido hijo en su vejez; y este es el sexto mes para ella, la que llamaban estéril; porque nada hay imposible para Dios" (Lc. 1:36-37).

Con esta información acerca de Elisabet, y antes de que nadie en su aldea se enterara de su condición, ni siquiera José, María salió rápidamente de Nazaret para visitar a su prima anciana Elisabet, que vivía a cierta distancia de allí. Ella se quedó con Elisabet durante tres meses. El Evangelio de Lucas nos presenta el relato del tiempo que pasó María con Elisabet y cómo la comprensión de Elisabet, la comunión con ella y su revelación espiritual ayudaron a María en los primeros días de su embarazo.

> Y aconteció que cuando oyó Elisabet la salutación de María, la criatura saltó en su vientre; y Elisabet fue llena del Espíritu Santo, y exclamó a gran voz, y dijo: Bendita tú entre las mujeres, y bendito el fruto de tu vientre. ¿Por qué se me concede esto a mí, que la madre de mi Señor venga a mí? (Lc. 1:41-43)

Elisabet y Zacarías acababan de experimentar la gracia de Dios en sus vidas y el don de un hijo en camino, su propio bebé milagro. ¿Quién mejor para ayudar a la joven María a comprender lo incomprensible? Como resultado, María proclamó llena del Espíritu palabras de alabanza y adoración a Dios, y la venida del Mesías. Muchos lo denominan el Magnificat, y se encuentra en los versículos 46-55.

Crisis n.º 1, sueño n.º 1 (Mateo 1:18-25)

María se quedó tres meses con Elisabet (Lc. 1:56) y luego regresó a su pueblo, a su familia y al lado de José. Fue entonces cuando tuvo lugar la crisis n.º 1. No sabemos cómo se enteró José del embarazo de María, pero sí sabemos que él era un hombre de Dios justo, y que conocía bien la ley de Dios. La Biblia nos dice lo que José decidió hacer con respecto a María: "José su marido, como era justo, y no quería infamarla, quiso dejarla secretamente" (Mt. 1:19).

Pero esa noche, antes de que José pusiera por obra su decisión, recibió el primero de cuatro sueños (Mt. 1:20-25). ¿Qué mensaje tenía un ángel del Señor para comunicarle en sueños?

> *La pureza de María.* "José, hijo de David, no temas recibir a María tu mujer, porque lo que en ella es engendrado, del Espíritu Santo es" (v. 20).
>
> *La identidad de la Persona en el vientre de María.* "Y dará a luz un hijo, y llamarás su nombre JESÚS" (v. 21).
>
> *La misión del niño.* "Él salvará a su pueblo de sus pecados" (v. 21).
>
> *La profecía acerca de María.* " Todo esto aconteció para que se cumpliese lo dicho por el Señor por medio del profeta, cuando dijo: He aquí, una virgen concebirá y dará a luz un hijo, y llamarás su nombre Emanuel, que traducido es: Dios con nosotros" (vv. 22-23).

José y María se casaron inmediatamente después de este sueño. Él la tomó como esposa y ellos no tuvieron relaciones sexuales hasta después del nacimiento de Jesús (vv. 24-25). Poco antes del nacimiento de Jesús, esta pareja conforme al corazón de Dios viajó a Belén para registrarse en el censo del gobierno romano. Mientras estaban en Belén, nació Jesucristo, el Salvador del mundo (Lc. 2:1-7).

Crisis n.º 2, sueño n.º 2 (Mateo 2:13-15)

No sabemos cuánto tiempo permanecieron José y María en Belén después del nacimiento de Jesús, pero cuando los sabios de oriente llegaron allí, la familia vivía en una "casa" (Mt. 2:11). Los sabios, o magos, habían seguido la estrella que anunciaba la llegada de Jesús, y se detuvieron en Jerusalén en busca de respuestas de parte de los líderes religiosos acerca de "dónde había de nacer el Cristo" (v. 4). Estos viajeros explicaron: "su estrella hemos visto en el oriente, y venimos a adorarle" (v. 2).

Por desdicha, su visita encendió la maligna paranoia del rey Herodes. De repente, este quiso saber más acerca de esa "estrella" y de ese "guiador que apacentará a mi pueblo Israel" (vv. 2, 6; ver también Mi. 5:2). Era evidente que él temía que ese guiador usurpara su trono.

Después de que los magos le dijeran que, conforme a la profecía en Miqueas 5:2, Jesús nacería en Belén, ellos viajaron a ese pequeño pueblo. Esto desencadenó la crisis n.º 2, y el sueño n.º 2: Dios advirtió a José que Herodes trataría de matar a Jesús, y que él debía huir con su familia a Egipto. Como sucedió con el primer sueño, José hizo inmediatamente lo que se le dijo: "Y él, despertando, tomó de noche al niño y a su madre, y se fue a Egipto, y estuvo allí hasta la muerte de Herodes" (Mt. 2:14).

Crisis n.º 3, sueño n.º 3 (Mateo 2:19-21)

Gracias a los costosos regalos que llevaron los magos, José, María y el niño pudieron viajar al sur con dirección a Egipto y lejos de la región controlada por Herodes. Furioso al sentirse engañado por los magos, Herodes desató una crisis nacional ordenando matar a todos los niños varones menores de dos años que residían en Belén o sus alrededores, pensando que eso eliminaría con certeza la amenaza contra su reino. Entonces vienen la crisis n.º 3 y el sueño n.º 3. La estadía de José, María y Jesús en Egipto duró hasta que el Señor apareció en sueños a José, diciendo: "Levántate, toma al niño y a su madre, y vete a la tierra de Israel, porque han muerto los que procuraban la muerte del niño" (v. 20). ¡La crisis fue que tuvieron que mudarse otra vez! Las mudanzas son siempre una crisis, incluso en la actualidad, e incluso cuando todo está bien. En otras palabras: "¡Empaquemos! ¡Hora de mudarse!".

Crisis n.º 4, sueño n.º 4 (Mateo 2:22-23)

Cuando José guiaba a María y a Jesús de regreso a Israel, José supo que Arquelao, hijo de Herodes, gobernaba en lugar de su padre. José, como el protector, volvió a su alerta máxima de crisis porque temía por la seguridad de su familia. Sin embargo, Dios mismo acudió en su ayuda por medio del cuarto y último sueño. ¿Qué pasó?

"Pero avisado por revelación en sueños, se fue a la región de Galilea, y vino y habitó en la ciudad que se llama Nazaret" (vv. 22-23).

Síntesis

Lo que sucedió a María es una historia maravillosa de confianza y sumisión. En torno a María se entonan canciones, se encargan pinturas y, en algunos círculos, incluso se le adora. Pero la humilde María sería la primera en decir que toda la alabanza es para Dios y nadie más. Ella solo fue una jovencita que obedeció el llamado de Dios y estuvo dispuesta a someterse a todo lo que Él le pidió.

¿Y qué de José? Él no recibe ni una fracción de la atención que María recibe. Sin embargo, su humildad también es evidente en todos sus hechos. Y al igual que María, él tenía una firme confianza en Dios. Él escuchó a Dios y tomó a María como esposa, consciente de que las personas de su comunidad los verían con recelo, preguntándose cómo María había quedado embarazada antes de casarse. Las Escrituras nos dicen que cada vez que José tuvo un sueño de Dios, obedeció de inmediato las instrucciones que le fueron dadas. Él, al igual que María, nunca cuestionó las exigencias de Dios para sus vidas.

¿Recuerdan la definición de lo que significa ser un hombre o una mujer conforme al corazón de Dios? Es ser "quien hará todo lo que [Dios quiere]" (Hch. 13:22). La obediencia total a todo lo que Dios pidió es lo que preparó a José y a María para tomar su lugar en la historia bíblica.

• Lecciones de María para esposas •

María era una niña judía adolescente, probablemente de unos catorce años. Pertenecía a la tribu de Judá y al linaje real de David. Y como era la costumbre para las jovencitas de su edad, estaba comprometida con un hombre de su región llamado José, quien era también del linaje de David.

María era una maravillosa joven que pronto se convirtió en una esposa maravillosa. Gran parte de lo que conocemos acerca de su matrimonio con José proviene de los sucesos que rodearon el nacimiento de su hijo Jesús. Los breves vistazos a su vida como esposa nos permiten extraer al menos cuatro principios que te ayudarán a vivir como una esposa conforme al corazón de Dios.

1. *Responde positivamente a la voluntad de Dios.* María supo que tendría un bebé por obra del Espíritu Santo. Su respuesta, a pesar de que no entendía cómo era esto posible, fue de humilde sumisión. De su boca y de su corazón brotaron estas palabras: "He aquí la sierva del Señor; hágase conmigo conforme a tu palabra" (Lc. 1:38).

Como tú bien sabes, a veces es un reto comprender la voluntad de Dios. Sin embargo, para una esposa el plan de Dios es muy sencillo. Consta de cuatro tareas: una esposa debe ayudar a su esposo (Gn. 2:18), seguir a su esposo (Ef. 5:22), respetar a su esposo (Ef. 5:33) y amar a su esposo (Tit. 2:4).

¿Cómo te calificas en estas cuatro tareas? ¿Estás respondiendo positivamente a la voluntad de Dios para ti como esposa? Dios recompensará tus esfuerzos cuando consideres su Palabra seriamente. ¡Y es imposible medir cuán feliz será tu esposo!

2. *Atesora la Palabra de Dios en tu corazón.* El encuentro de María con el ángel Gabriel duró unos pocos minutos, pero las consecuencias de lo que él le anunció durarán toda la eternidad. La joven María demostró una madurez poco común. No se aterrorizó con la aparición del ángel. No se puso a correr y gritar cuando le dieron la noticia de que sería la madre de Jesús. Antes bien, indagó sabia y tranquilamente acerca de los detalles de lo que iba a sucederle preguntando: "¿Cómo será esto? Pues no conozco varón" (Lc. 1:34).

Más adelante, cuando María visitó a su parienta Elisabet, vemos de nuevo la profundidad de la madurez de María y su fuente: ella conocía la Palabra de Dios y la había atesorado en su corazón. El corazón de María rebosó en un cántico de alabanza cuando llegó a la casa de Elisabet. De sus labios brotaron diez versículos, denominados con frecuencia el Magnificat, porque esas palabras magnifican al Señor (Lc. 1:46-55). En su efusión de alabanza hay por lo menos 15 citas del Antiguo Testamento. ¿De dónde salieron? De los pasajes que María había memorizado.

¿Qué sale de tu corazón y de tu boca en estos días? Obviamente, sea lo que sea, es algo que has puesto allí. Lo que hablas con tus colegas, tus amigos, e incluso con tus familiares es un indicio de lo que hay en tu corazón.

He aquí una prueba. ¿Estás hablando la verdad, o puras frivolidades y cháchara? ¿Estás comunicando las buenas nuevas… o las últimas noticias? ¿Estás transmitiendo el evangelio… o chismes? Proverbios 4:23 te aconseja: "sobre toda cosa guardada, guarda tu corazón; porque de él mana la vida". Y Jesús advirtió en Mateo 12:34: "de la abundancia del corazón habla la boca".

¿Por qué no eliges un versículo esta semana para aprender de memoria? ¿Tal vez uno que sea de provecho para tu matrimonio? Mi versículo favorito para esto es Romanos 12:10: "Amaos los unos a otros con amor fraternal; en cuanto a honra, prefiriéndoos los unos a los otros".

3. *Confía en que Dios te guía por medio de tu esposo.* Inmediatamente después de recibir su primer sueño de Dios acerca de María, José se levantó y tomó a María como esposa. Es interesante notar el silencio de María frente a las aventuras que siguieron. Cuando estaba muy avanzado su embarazo y tenía que hacer el largo y difícil viaje a Belén, no se quejó. No se enojó por tener que dormir en un establo. Tampoco tuvo una actitud negativa cuando tuvo que empacar en medio de la noche y huir a Egipto, o regresar a vivir en su pueblo Nazaret.

¿A cuántas esposas conoces que estarían dispuestas a vivir semejantes aventuras sin decir un solo reproche? ¿Sin una sola queja? Imagina al pobre esposo actual que no hizo una reservación, o que llevó a su esposa a un hotel o posada donde no había lugar. La mayoría de las esposas definitivamente tendrían de dónde escoger algunas palabras para decir.

En cambio María confió en Dios, y confió en que Dios obraba en su vida por medio de su esposo. Y tú debes hacer lo mismo. Confiar en tu esposo no es siempre fácil, especialmente si dudas que él sepa para dónde va o qué está haciendo. ¿Cuál es la solución? Haz lo que Dios te pide: ama y sigue a tu esposo, y ora, ora, ora porque Dios le dé a tu hombre sabiduría.

4. *Tu humildad es preciosa delante de Dios.* El ángel Gabriel reconoció a María con este saludo: "¡Salve, muy favorecida! El Señor es contigo; bendita tú entre las mujeres" (Lc. 1:28). Siendo apenas una adolescente, María había demostrado un carácter piadoso, y Dios reconoció su dignidad con la privilegiada misión de traer a su Hijo al mundo. Su respuesta fue de absoluta confianza y humildad al aceptar el llamado de Dios y su plan para ella: "He aquí la sierva del Señor; hágase conmigo conforme a tu palabra" (Lc. 1:38).

Hay muchos que han puesto a María en un pedestal para honrarla, e incluso adorarla. Pero la realidad de su vida sugiere lo contrario. A lo largo de los Evangelios y en los primeros capítulos de Hechos, María se muestra como alguien que solo aspira a ser una mujer conforme al corazón de Dios, una humilde esposa y madre, y en última instancia una creyente en el Cristo, su hijo.

María es un ejemplo de lo que la Biblia denomina "un espíritu afable y apacible". Esta actitud de humildad se describe como "de grande estima delante de Dios" (1 P. 3:4). ¿Quieres agradar a Dios y ser de grande estima delante de Él? Entonces vístete de humildad.

• Lecciones de José para esposos •

Sabemos muy poco acerca de José. A María se le atribuye gran parte de la fama de esta pareja, por obvias razones. Sin embargo, sabemos que José fue un hombre bueno y ejemplar que fue escogido por Dios para ser el padre adoptivo del Hijo de Dios. Además de los hechos que hemos considerado, sabemos que José estaba con María cuando llevaron a Jesús a Jerusalén a la edad de 12 años (Lc. 2:41-50).

La única referencia adicional de José es que era carpintero, y cabeza de una familia de al menos siete hijos (Mt. 13:55-56). Aunque se nos dice poco acerca de él, podemos hacernos una idea clara de las muchas cualidades que poseía:

1. *La piedad es gran ganancia.* En las primeras páginas del relato bíblico del nacimiento de Jesús, vemos a hombres piadosos que juegan papeles decisivos.

Zacarías era irreprensible, un sacerdote, y profetizó acerca del papel de su hijo, Juan, como precursor de Jesús el Mesías.

Simeón, a quien también se le describe como "justo y piadoso, esperaba la consolación de Israel; y el Espíritu Santo estaba sobre él" (Lc. 2:25). El Espíritu Santo le dijo que vería al Mesías antes de morir. Simeón fue recompensado por su fe y sostuvo al niño Jesús cuando María y José lo llevaron para presentarlo en el templo.

José forma parte de esta extraordinaria lista, y Dios lo describe como un hombre "justo" (Mt. 1:19). En el texto griego original del Nuevo Testamento, la palabra que se traduce "justo" es la misma que se emplea para referirse a Zacarías en Lucas 1:6. Dios confió la seguridad de Jesús, su propio Hijo, su amado Hijo, al cuidado de José durante esos primeros años turbulentos posteriores al nacimiento de Jesús. Jesús estuvo bajo la tutela de José hasta que creció y se convirtió en hombre. José tuvo que ser un hombre extraordinario para que Dios le confiara esta clase de responsabilidades.

Las cualidades de estos hombres piadosos, junto con los requisitos establecidos para los líderes de la iglesia y los hombres de carácter (que encontramos en 1 Ti. 3 y Tit. 1), deben darte una idea clara de la clase de hombre que Dios quiere que seas. Tal como Dios confió a José el cuidado de su Hijo, Dios te ha confiado el cuidado de una preciosa esposa, y tal vez hijos también. El trabajo de amar y liderar te exigirán echar mano de todas las herramientas que ofrece la Palabra de Dios para alcanzar la madurez espiritual. Un matrimonio cristiano fuerte precisa de un esposo y líder piadoso.

2. *Escucha y aprende.* José fue sensible, y oyó la voz de Dios. Dios le habló por medio de ángeles, y él escuchó. José pudo haber seguido fácilmente el ejemplo del profeta Jonás cuando recibió la orden divina de ir a Nínive (Jon. 1:2). ¿Y qué hizo Jonás? Huyó en la dirección contraria, tan lejos como pudo de la voluntad de Dios (1:3). Tal vez pienses: *Si Dios me hablara por medio de ángeles, ¡con toda seguridad yo le obedecería!* ¿De veras? Dios ya te ha hablado de forma mucho más clara por medio de su Palabra, la Biblia. ¿Cómo te va con eso? ¿Sabes lo que Él te dice? No permitas que tu trabajo y todas tus responsabilidades te impidan leer tu Biblia. No dejes que tu apretada agenda te impida conocer lo que Dios pide de ti.

3. *La obediencia es la clave para ser útil.* Dios habló a José por medio de un sueño, y José escuchó, y obedeció. En cada encuentro con los mandamientos de Dios, José hizo inmediatamente y sin dudar lo que Él le ordenó. Actuó como un soldado entrenado que, en medio del combate, obedece a su comandante sin cuestionar, porque sabe que su obediencia es vital para ganar la batalla.

Dios te habla a ti y te dirige, y tu matrimonio, desde su Palabra. Tu obediencia a Él marcará el ritmo y el estilo para tu esposa y tu familia. Tu crecimiento mediante la obediencia impulsará a tu esposa en su andar con Dios. Entonces juntos podrán impulsar a sus hijos junto con ustedes a medida que conocen más a Jesús. Pero todo empieza con tu obediencia.

4. *El liderazgo es esencial para un esposo.* Cada referencia breve que leemos acerca de José deja en evidencia el hecho de que era un líder. Tan pronto José comprendió la voluntad de Dios, no dudó, y tomó sus decisiones y actuó conforme a ellas. El liderazgo de José se basó en la convicción de que Dios le guiaba.

Cuando tus decisiones se basan en tus propios caprichos, opiniones y deseos egoístas, te arriesgas a poner a tu esposa en situaciones difíciles e incluso peligrosas. Pero cuán feliz es la esposa que sabe que su esposo recibe la dirección de la Palabra de Dios y del consejo sabio, la que sabe que su esposo quiere lo mejor para ella y para la familia sin importar cuánto tenga que sacrificar. Cuando tú brindas esta clase de liderazgo amoroso, le facilitas a tu esposa el cumplir con el llamado de Dios de someterse en amor. Al igual que José, tú tienes la obligación de guiar a tu matrimonio y tu familia en el camino que Dios ha escogido, no el tuyo.

5. *Abnegación.* Esta cualidad es absolutamente fundamental. A partir del momento en que José supo de la condición de María, pensó en cómo podía salvarla de la murmuración y el escándalo. Su abnegación le llevó a pensar de qué manera podía protegerla de la afrenta. "No quería infamarla, quiso dejarla secretamente" (Mt. 1:19).

Entonces Dios intervino. Después de oír las instrucciones del ángel, la decisión abnegada de José de casarse con María marcó su vida para siempre. Él llevaría junto con María la carga del cuestionamiento social por su embarazo. Tal vez incluso fue considerado como el culpable de ello, y su moralidad puesta en duda. Su decisión de tomar a María como esposa seguramente lo expuso a las críticas de la familia, de los amigos y de otros colegas de su oficio.

Aceptar la voluntad de Dios también significaba vivir huyendo para proteger la seguridad de su familia cuando otros procuraban hacerle daño al Hijo de Dios. Poco sabía José que seguir a Dios de todo corazón terminaría en largos viajes a través de algunas de las regiones más desoladas de la tierra con tal de proteger y cuidar a María y al niño.

José deja a los esposos el mensaje de que debemos renunciar a nuestra actitud egoísta. Un esposo conforme al corazón de Dios se niega a pensar en sí mismo. Esto significa que el bienestar de tu esposa es tu misión y tu máxima prioridad. "Nada hagáis por contienda o por vanagloria; antes bien con humildad, estimando cada uno a los demás como superiores a él mismo; no mirando cada uno por lo suyo propio, sino cada cual también por lo de los otros" (Fil. 2:3-4).

Procura ser abnegado. Pon en práctica estas actitudes en tu matrimonio. ¡Tu esposa te amará por ello!

Construyan un matrimonio duradero

Las crisis son una realidad de la vida. No se trata de saber *si* las habrá, sino *cuándo* vendrá la próxima. No son pensamientos macabros, sino nada más la realidad de vivir en un mundo pecaminoso y caótico. Entonces la pregunta que ustedes como pareja deben formularse es: ¿Cómo vamos a responder a cada nueva crisis que se presenta? Romanos 8:28 viene a ayudarnos: "Y sabemos que a los que aman a Dios, todas las cosas les ayudan a bien, esto es, a los que conforme a su propósito son llamados". Saber que Dios tiene todo bajo control les permite confiar en Él para todo.

Sea cual sea el momento en que se encuentren en su matrimonio, ya sea recién casados o veteranos, tomen juntos la determinación de entregar su próxima crisis a Dios tan pronto como llegue. Crean en la promesa de Dios de que Él usará para su bien esa crisis. Eviten encerrarse, darse por vencidos o huir. Unan sus corazones, tómense de las manos, oren, resistan hombro a hombro y afronten la crisis. Juntos, hagan todo lo que sea necesario. Y confíen en Dios plenamente, sabiendo que Él lleva a cabo su plan para ustedes y su matrimonio. Al final, serán bendecidos con un matrimonio más fuerte, porque lo lograron… juntos.

10

Aquila y Priscila

Un equipo de esposos excepcional

Saludad a Priscila y a Aquila, mis colaboradores
en Cristo Jesús, que expusieron su vida por mí;
a los cuales no sólo yo doy gracias,
sino también todas las iglesias de los gentiles.
ROMANOS 16:3-4

Aquila y Priscila estaban ocupados, súper ocupados, trabajando frenéticamente para completar su último proyecto para los soldados del ejército romano. Varias legiones acampaban en las afueras de Corinto, donde vivían y trabajaban Aquila y Priscila, fabricantes profesionales de tiendas. El ejército era móvil, de manera que la mayoría del tiempo los hombres tenían que acampar en tiendas. La considerable presencia militar en la zona los mantenía ocupados día y noche, cosiendo tiras de cuero para fabricar las tiendas que requería el ejército.

Hoy, Aquila y Priscila estaban particularmente agradecidos por el entrenamiento temprano que él había recibido. Todo niño judío debía aprender un oficio, y la educación de Aquila no fue la excepción. Su padre y su abuelo también habían sido fabricantes de tiendas, y este había demostrado ser un oficio extremadamente útil.

Aquila y Priscila se habían conocido y casado en Roma. Como todavía no tenían hijos, Priscila podía trabajar a su lado, haciendo su parte en el negocio de tejer tiendas. Les gustaba trabajar juntos cada día, encontrarse con viajeros de otros lugares y de otras tierras y oír sus relatos y aventuras.

¡Ah, Roma! Por desdicha, los únicos recuerdos agradables de Aquila y Priscila en Roma venían de muy atrás. Ahora, esa ciudad era un desastre. Aquila sacudió su cabeza al recordar el día en que él y Priscila habían tenido que abandonar su casa. Todo empezó cuando los judíos que habían viajado a Jerusalén para la celebración anual de la Pascua regresaron a sus casas en Roma con una asombrosa historia de salvación por medio del Mesías, Jesucristo. Muchos de los judíos que regresaron habían aceptado a Jesús como su Mesías durante su estancia en Jerusalén. Y fue entonces cuando empezaron los problemas. Los judíos que rechazaban a Jesús se enojaron con los judíos que aceptaban a Jesús. ¿Cuáles fueron las consecuencias? Las dos facciones de judíos en Roma se amotinaron y pelearon entre sí.

Los oficiales de la ciudad no entendieron la diferencia entre "judíos cristianos" y "judíos judíos", de modo que en lugar de tratar de resolver el conflicto, ¡el emperador Claudio sencillamente desalojó a todos los judíos! Fue entonces cuando Aquila y su dulce esposa tuvieron que unirse a la multitud en un éxodo de judíos de Roma. Puesto que Corinto era un gran crisol de pueblos de diferentes trasfondos religiosos, pensaron que sería un lugar perfecto para que los dos se integrasen y echasen raíces con tranquilidad.

Sí, aquellos fueron días de incertidumbre, días difíciles de viajes, seguidos de largos días de búsqueda de un lugar dónde vivir, seguidos de jornadas agotadoras para volver a establecerse como fabricantes de tiendas. Él y Priscila todavía se gozaban cada vez que recordaban a su primer cliente en Corinto.

Hechos de las Escrituras

En la Biblia encontramos por primera vez a Aquila y Priscila en Hechos 18:2. Es el año 50 d.C. Ellos, junto con muchos otros judíos, habían sido expulsados de Roma por el emperador Claudio. Al verse obligados a esparcirse, algunos eligieron irse a vivir a la ciudad griega de Corinto, entre ellos Aquila y Priscila. Allí los encontramos sirviendo a Dios con gran entusiasmo y amando a otros con generosidad.

Fundación de una iglesia en Corinto (Hechos 18:1-4)

Aproximarnos a la historia de Aquila y Priscila nos lleva al apóstol Pablo. Él había llegado recientemente de Atenas. La primera misión de Pablo en Corinto fue probablemente, como era su costumbre, encontrar la sinagoga local. Cuando pudiera encontrarla, sería fácil ubicar el barrio judío. Fue allí que Dios en su providencia llevó a Pablo a cruzarse con Aquila y Priscila.

> Y halló [Pablo] a un judío llamado Aquila, natural del Ponto, recién venido de Italia con Priscila su mujer, por cuanto Claudio había mandado que todos los judíos saliesen de Roma. Fue a ellos, y como era del mismo oficio, se quedó con ellos, y trabajaban juntos, pues el oficio de ellos era hacer tiendas. Y discutía en la sinagoga todos los días de reposo, y persuadía a judíos y a griegos (18:2-4).

Dado que Aquila y Priscila eran creyentes en Cristo, fue fácil para ellos no solo trabajar con Pablo en su profesión común, sino también en el ministerio junto al apóstol. Así lo hicieron durante el siguiente año y medio, apoyándole y ayudándole mientras él predicaba el evangelio. La Biblia no lo dice, pero es posible que esta pareja devota empezara a enseñar a otros también. Después de todo, ¡ellos vivían con un maestro y evangelista experimentado!

El cambio a Éfeso (Hechos 18:18-19)

Pablo se quedó 18 meses en Corinto. Durante ese tiempo se fundó y estableció una nueva iglesia. Satisfecho con el progreso de la iglesia, Pablo decidió regresar a su iglesia que lo patrocinaba en Antioquía, Siria. De su tiempo y ministerio en Corinto podía decir: ¡"misión cumplida"!

Por si fuera poco, Aquila y Priscila estaban entusiasmados cuando Pablo los invitó a navegar con él y seguir ayudándole en la obra de Dios: "después [Pablo] se despidió de los hermanos y navegó a Siria, y con él Aquila y Priscila… y llegó a Éfeso, y los dejó allí" (vv. 18-19).

Trabajo en equipo (Hechos 18:24-28)

Mientras Aquila y Priscila esperaban en Éfeso a que Pablo regresara de Antioquía, participaron activamente en la sinagoga local. Un día, un hombre judío llamado Apolos apareció en la sinagoga y empezó a hablar con denuedo:

> Llegó entonces a Éfeso un judío llamado Apolos, natural de Alejandría, varón elocuente, poderoso en las Escrituras. Este había sido instruido en el camino del Señor; y siendo de espíritu fervoroso, hablaba y enseñaba diligentemente lo concerniente al Señor, aunque solamente conocía el bautismo de Juan. Y comenzó a hablar con denuedo en la sinagoga; pero cuando le oyeron Priscila y Aquila, le tomaron aparte y le expusieron más exactamente el camino de Dios (vv. 24-26).

Cómo aconsejaron a un ministro (Hechos 18:24-28)

Cuando Aquila y Priscila oyeron hablar a Apolos con tanto denuedo acerca de las cosas de Dios, le llevaron a su casa y con mucho tacto le explicaron los caminos de Dios en mayor detalle. Obviamente, Aquila y Priscila habían sido bien instruidos por Pablo. Eran capaces de detectar rápidamente los errores en la enseñanza, o en el caso de Apolos, información incompleta acerca de Jesús. Después de aclarar toda la verdad a Apolos, le enviaron a sus amigos en Corinto con cartas de presentación.

La simpatía, la hospitalidad y los consejos de Aquila y Priscila tuvieron un efecto profundo en la iglesia en Corinto por intermedio de Apolos: "y llegado él allá, fue de gran provecho a los que por la gracia habían creído; porque con gran vehemencia refutaba públicamente a los judíos, demostrando por las Escrituras que Jesús era el Cristo" (vv. 27-28). La Iglesia a lo largo de la historia se ha beneficiado de una pareja fiel que se entregó a Jesús y al servicio del prójimo.

Su casa como iglesia en Éfeso (Hechos 19)

Transcurrió otro año antes de que Pablo regresara a Éfeso. Era hora de fundar otra iglesia. Pablo se quedó un par de años, y durante ese tiempo un grupo de personas llegó de Corinto con un reporte del estado de la iglesia allí, junto con una lista de preguntas. Como respuesta a esas preguntas, Pablo escribió una carta que conocemos como 1 Corintios. Al finalizar su epístola escribió: "Las iglesias de Asia os saludan. Aquila y Priscila, con la iglesia que está en su casa, os saludan mucho en el Señor" (1 Co. 16:19). La alusión de Pablo a esta pareja nos revela que el trabajo y el ministerio de Aquila y Priscila en Éfeso habían sido determinantes. Ellos no solo habían abierto sus corazones a las personas, sino también su casa.

Su casa como iglesia en Roma

¡Pablo dejaba huella dondequiera que iba! En Éfeso surgieron disturbios porque a la gente le molestó el avance del cristianismo en la cultura pagana de la ciudad (Hch. 19:21-41). Esos disturbios obligaron a Pablo a salir de allí. Él decidió volver a Corinto, desde donde escribió una carta a las iglesias en Roma (Romanos, el libro del Nuevo Testamento).

Es evidente que para entonces Priscila y Aquila habían regresado a Roma y se habían integrado al ministerio allí. También tenían una iglesia en su casa. Casi al final de su carta a los romanos, Pablo escribió: "Saludad a Priscila y a Aquila, mis colaboradores en Cristo Jesús, que expusieron su vida por mí; a los cuales no sólo yo doy gracias, sino también todas las iglesias de los gentiles. Saludad también a la iglesia de su casa" (Ro. 16:3-5).

Sirvieron donde era necesario (2 Timoteo 4:19)

Avancemos al año 67 d.C., cuando Pablo estaba en la cárcel en Roma por segunda y última vez. Estaba ocupado escribiendo y enviando la última carta que escribió (2 Timoteo) a Timoteo, quien pastoreaba la iglesia en Éfeso. El joven Timoteo seguramente necesitaba toda la ayuda y el ánimo posibles. Y adivinen quiénes estaban de nuevo en Éfeso para ayudarlo... ¡Priscila y Aquila! Pablo terminó su última carta, y su vida, pensando en sus viejos amigos, enviando este saludo: "Saluda a Prisca y a Aquila" (v. 19). Este dúo dinámico había jugado un papel fundamental en tres ministerios importantes de la iglesia del Nuevo Testamento: Roma, Corinto y Éfeso.

Síntesis

Aquila y Priscila fueron un extraordinario equipo de esposos. Nos mostraron exactamente cómo es una pareja conforme al corazón de Dios. Demostraron bellamente lo que es el servicio y el trabajo en equipo. La Biblia solo tiene halagos para ellos como individuos y como pareja. Dondequiera que iban, en la sinagoga judía más cercana o ayudando a plantar y servir en iglesias locales, a todos bendecían. Por medio de su ejemplo, este dúo dinámico nos deja muchas lecciones para esposos y esposas acerca del amor mutuo, el amor a Dios y el amor por su pueblo.

Deléitense en este atento resumen de sus vidas entrelazadas:

> Priscila y Aquila fueron una pareja que tuvo un ministerio eficaz detrás de bambalinas. Sus herramientas fueron la hospitalidad, la amistad y la enseñanza de persona a persona. No fueron oradores públicos, sino evangelistas privados. Priscila y Aquila nos dan un ejemplo desafiante de lo que una pareja puede lograr junta en el servicio a Cristo.[14]

• Lecciones de Aquila y Priscila para esposos y esposas •

Podemos considerar a Aquila y a Priscila como una moneda de dos caras, cada una con el mismo valor, pero con una imagen diferente. ¿No les parece una ilustración perfecta de lo que es el matrimonio? Como dos caras de una moneda, cada uno de ustedes tienen el mismo valor, son iguales a los ojos de Dios. Gálatas 3:28 nos dice: "Ya no hay judío ni griego; no hay esclavo ni libre; no hay varón ni mujer; porque todos vosotros sois uno en Cristo Jesús". Aun así, cada uno de ustedes aporta algo diferente a su relación matrimonial. Diferentes personalidades, diferentes dones y diferentes capacidades.

Es indudable que en Aquila y Priscila encontramos esta imagen de la moneda que denota igualdad e individualidad. Como individuos eran únicos, pero la Biblia los presenta como una unidad. Cada vez que vemos sus nombres, están juntos. A veces sus nombres aparecen en diferente orden, y también vemos que se usa el apodo de Priscila, Prisca. Pero nunca vemos que los mencionen individualmente. Entonces ¿qué pueden aprender de esta "pareja poderosa" que eligió servir activamente dondequiera que iban?

1. *Trabajen como un equipo.* Aquila y Priscila trabajaron juntos para recibir en sus casas a la iglesia. También trabajaron como equipo cuando hablaron e instruyeron al gran predicador Apolos, dándole información más precisa acerca de Jesús. Las repercusiones son evidentes. Trabajar como un equipo puede producir un ministerio sumamente eficaz. Pueden lograr mucho más si están involucrados los dos. Y como el sabio rey Salomón señaló en Eclesiastés: "Mejores son dos que uno" (4:9).

Cuando se trata del servicio y el uso de sus dones espirituales, cada uno es responsable del desarrollo y el uso de sus propios dones. Sin embargo, es posible que en algunos períodos, como sucedió en el caso de Aquila y Priscila, ustedes como pareja puedan trabajar juntos en un ministerio conjunto. Planeen tenerlo. Prepárense para ello. Y procedan cuando surjan las oportunidades. Al igual que Priscila y Aquila, ustedes como equipo serán más fuertes que cada uno por separado.

Además, trabajar como un equipo no significa que ambos tendrán que hacer exactamente lo mismo al mismo tiempo. Tal vez uno sirva en la cocina mientras el otro organiza las sillas, o enseña un estudio bíblico, o supervisa el cuidado de los niños. Muchas veces, cuando uno de nosotros enseña en una conferencia, el otro se queda en la mesa de los libros y habla con la gente. O mientras Jim está lejos en algún desierto con un grupo de hombres o misioneros, yo me encargo de todo en casa.

En ocasiones trabajarán juntos como anfitriones, saludando o sirviendo comida, asistiendo a una reunión o limpiando la cocina. Y en otras, se dividirán y conquistarán, cada uno en una dirección diferente, siempre a la espera de reunirse al final del día para intercambiar las bendiciones de Dios y escuchar acerca de cómo Él usó a cada uno.

2. *Crezcan juntos en la fe.* Quizá piensen que Aquila y Priscila se educaron "en casa" en su conocimiento y entendimiento de Dios. Tuvieron la fortuna de vivir bajo el mismo techo con el autor de trece libros el Nuevo Testamento. Y para completar la dicha, también trabajaron hombro a hombro con Pablo todos los días en Corinto. ¿Pueden imaginarse las discusiones animadas que tenían cada día, las sesiones de preguntas y respuestas que tenían cada vez que se sentaban juntos cosiendo tiras de cuero para fabricar tiendas? Después de muchos meses de esta clase de entrenamiento casi diario, aparte del estudio que Aquila y Priscila hacían por su lado, debieron de desarrollar un entendimiento muy sólido del Mesías, de su misión en la tierra y del evangelio de salvación. Después de todo, ¡miren quién fue su maestro!

Luego Pablo, su maestro, dejó al dúo dinámico en Éfeso. Ahora Aquila y Priscila estaban listos para abrir su casa a otros para enseñar y comunicar las verdades del evangelio por sí solos. Entonces cuando Apolos llegó a Éfeso y empezó a predicar en la sinagoga, Priscila y Aquila estaban listos para aconsejarle: "Y comenzó [Apolos] a hablar con denuedo en la sinagoga; pero cuando le oyeron Priscila y Aquila, le tomaron aparte y le expusieron más exactamente el camino de Dios" (Hch. 18:26). Ambos impartieron la enseñanza.

Recibir enseñanza es vital para el crecimiento espiritual. ¿Tiene cada uno de ustedes a alguien que le enseñe? ¿Alguien con quien reunirse con regularidad? ¿Alguien que les recomiende libros, clases y seminarios que les ayuden a crecer en la fe? ¿Alguien dispuesto a contestar sus preguntas, incluso las difíciles? ¿Alguien que los guíe a través de las diferentes etapas y fases de su matrimonio, su carrera, la crianza de los hijos? Es incalculable el valor de la sabiduría y la instrucción que pueden recibir de un buen consejero cristiano.

En un mundo perfecto, ustedes dos, como pareja, serían idénticos en su madurez espiritual. Pero en la realidad, lo máximo a lo que pueden aspirar es crecer juntos en el Señor. Comprométanse a animarse mutuamente cada día sin importar a qué ritmo avanza cada uno. Mantengan sus ojos en la meta. Cada día es un día en el que ambos deben crecer más fuertes en la fe.

3. *Abran su casa a otros*. Aquila y Priscila hicieron lo que cualquier pareja puede hacer: abrieron su casa para atender invitados, reuniones y servicios eclesiales. Así fue como creció la iglesia primitiva. No había edificios para iglesias; por tanto, el evangelismo y la edificación sucedían cuando los creyentes acogían a otros en sus casas para el ministerio y la adoración. La Biblia nunca dice que Aquila y Priscila enseñaran en esas reuniones en las casas, aunque estaban plenamente capacitados para hacerlo, dado el entrenamiento que habían recibido de Pablo. Lo único que sabemos es que ellos abrieron las puertas de su casa para que los cristianos pudieran reunirse como iglesia.

Ustedes podrían abrir su casa con fines ministeriales, ¿no creen?

Tal vez exija un poco de esfuerzo ordenar la casa y tener algo de comer para ofrecer a un grupo de estudio o iglesia, pero esta es una oportunidad que no necesita pensarse dos veces. Simplemente pongan su casa a disposición, abran la puerta y digan: "¡Hola! ¡Bienvenidos! Entren. ¡Pónganse cómodos!". Al hacerlo, darán un ejemplo positivo a otras parejas que buscan la manera de ministrar juntos.

¿Hay más beneficios? Con esto harán lo que Dios exhorta en su Palabra: "Hospedaos los unos a los otros sin murmuraciones" (1 P. 4:9), y "no os olvidéis de la hospitalidad, porque por ella algunos, sin saberlo, hospedaron ángeles" (He. 13:2).

Construyan un matrimonio duradero

Este notable equipo de esposos, Aquila y Priscila, ofrecen un ejemplo perfecto de amor mutuo centrado en Dios y en el otro. ¡Qué maravilloso final para esta parte del libro! Ellos nos permiten vislumbrar cómo un matrimonio puede y debe funcionar. Podemos tener la certeza de que su matrimonio no estuvo exento de luchas y contratiempos. De hecho, tal vez experimentaron dificultades que les obligaron a recurrir a Dios y apoyarse el uno en el otro. Quizá fueron las dificultades lo que les llevó a convertirse en un matrimonio duradero.

Aquila y Priscila, y cada una de las parejas que hemos estudiado a lo largo de este libro, poseían sus propias y singulares fortalezas y debilidades. Al igual que ellos, cada uno de ustedes aporta al matrimonio un conjunto diferente de habilidades y personalidades. Pasarán el resto de sus vidas trabajando juntos (y no pasen por alto la palabra clave: *juntos*), para vivir la voluntad de Dios para ustedes como esposo y esposa. Con su ayuda, ustedes se convertirán en realidad en aquello que ya son físicamente: una sola carne, una sola persona en su pensamiento y en sus acciones.

¿Cómo se lleva esto a cabo? El apóstol Pablo, el gran e inspirado consejero matrimonial, les aconseja a ustedes como esposos vivir...

> ...sintiendo lo mismo, teniendo el mismo amor, unánimes, sintiendo una misma cosa. Nada hagáis por contienda o por vanagloria; antes bien con humildad, estimando cada uno a los demás como superiores a él mismo; no mirando cada uno por lo suyo propio, sino cada cual también por lo de los otros. Haya, pues, en vosotros este sentir que hubo también en Cristo Jesús (Fil. 2:2-5).

SEGUNDA PARTE

Treinta días de crecimiento juntos

Antes de empezar

¡Hola! Y bienvenidos a esta sección especial creada especialmente para ustedes que son una pareja conforme al corazón de Dios. En esta parte de su libro hemos preparado estudios devocionales que se enfocan en Dios, en su carácter y en sus promesas. Siempre hemos apreciado cualquier ayuda que otros pudieran darnos para lograr nuestra meta de crecer como pareja y como cristianos, y hemos querido incluir esta sección para ayudarles en su camino hacia un mayor crecimiento espiritual, y un mejor matrimonio. Estas cortas lecturas devocionales vienen acompañadas de nuestras oraciones para que ustedes también se gocen en crecer más y más en cercanía mutua, porque cada uno de ustedes se está acercando más a Dios.

Cuando hablamos en una conferencia para matrimonios o en un programa radial con preguntas de los oyentes, ya sea individualmente o como pareja, casi siempre nos preguntan: "¿Cómo puedo lograr que mi cónyuge y yo tengamos un tiempo devocional juntos?". Habla un esposo o una esposa cristianos que buscan poner a Dios en el primer lugar en su matrimonio, que quieren experimentar crecimiento espiritual junto con su pareja.

Tal vez para algunos la idea de que una pareja tenga un tiempo devocional juntos es nada más que un mito; pero esto no tiene que ser así. Aquellos que lo han probado han descubierto que es una buena idea. Es más, ¡han descubierto que es una idea *grandiosa*! Es indudable que a Dios le agrada ver que sus parejas buscan la verdad, la fortaleza y la dirección de su Palabra, y que sellan sus descubrimientos con una oración: ¡juntos!

Créannos si decimos que sabemos el difícil reto que es sacar aunque sea una pizca de tiempo cada día para algo. Sin embargo, pasar tiempo juntos en la Palabra de Dios y unos momentos en oración transformará su matrimonio, su familia y su día.

Para empezar a tener un tiempo diario juntos que se centre en Dios, pueden ensayar algunas de las siguientes estrategias eficaces.

- Señalen un tiempo. Convérsenlo, pónganse de acuerdo y pruébenlo. Si es necesario, pueden ajustar el tiempo más adelante, pero lo más importante es empezar.
- Combinen estrategias. Tal vez quieran cada uno leer la lectura devocional diaria por su lado, y luego reunirse para hablar de ella y orar. O tal vez traten de turnarse para leer en voz alta, o se intercalen leyendo párrafos. No existe una fórmula para hacer estudios devocionales en pareja. Solo háganlo, y...
- Disfruten de estar juntos. Incluso si pasan mucho tiempo juntos, no hay nada como pasar tiempo juntos con un enfoque espiritual. Tener un tiempo devocional en pareja no debe ser como tomar una medicina. No, debe ser como salir y tener una cita para comer un postre delicioso. Con frecuencia descubrirán que los pocos minutos que pasan comunicándose con el Señor y con el otro se convertirán en los mejores minutos de su jornada.
- Alaben juntos a Dios. Cuando se trata de crecer en el Señor, nuestro versículo favorito para parejas es el Salmo 34:3. Oramos con este pasaje por ustedes, y le pedimos a Dios que bendiga a ambos ricamente.

Engrandeced a Jehová conmigo,
y exaltemos a una su nombre.

DÍA 1

La promesa

¿Qué es una promesa? El diccionario define la palabra *promesa* como "una declaración, ya sea oral o escrita, que asegura que alguien hará algo o no lo hará". Es un voto, o un compromiso.

Tal vez ustedes han hecho algunos votos y compromisos en su vida: a su pareja cuando intercambiaron votos matrimoniales y se prometieron amor eterno, en su iglesia local para hacerse miembros, a un código de ética de una compañía, a una rama del gobierno, a las fuerzas armadas, o incluso a un amigo cercano. De modo que tienen algo de experiencia con promesas, votos y compromisos.

En los siguientes 30 días van a examinar las promesas de Dios... y el poder de Dios para cumplir y guardar sus promesas. Esto es importante porque *el poder de una promesa depende del que la hace.*

Y querida pareja lectora, eso significa que ustedes pueden confiar en las promesas de Dios. ¿Por qué? Por la naturaleza y el carácter de Dios. Él es "Dios, que no miente" (Tit. 1:2). Por tanto, pueden estar confiados en que si hay una promesa en la Palabra de Dios que tiene una aplicación para ustedes, pueden aceptar esa promesa con plena certeza. Dios hará su parte para cumplir esa promesa. Esa es su naturaleza. ¡Y Dios no puede mentir!

¿Están dispuestos... a poner a funcionar las promesas de Dios en su vida? La Biblia ofrece muchas promesas poderosas. Las promesas de Dios están disponibles para que las tomemos. Dios no ofrecería algo de lo que no sea capaz o que no esté dispuesto a dar. Así que pueden confiar en la legitimidad de sus promesas. Cuando se trata

de poner a funcionar las poderosas promesas de Dios en sus vidas y en su matrimonio, el problema nunca vendrá de Dios. No. Siempre dependerá de ustedes y de su disposición a hacer su parte para poner a funcionar el poder de Dios y de sus promesas.

¿Están dispuestos... a hacer lo que Dios pide de ustedes? Acceder al poder de las promesas de Dios exigirá algo de ustedes. Se preguntarán: "¿Qué se espera de mí?". Una firme resolución para hacer lo que Dios pide.

Y antes de que dejen caer sus brazos en desánimo, comprendan que Dios no les pide perfección. No. Dios nos conoce bien, y Él conoce nuestras debilidades. Él solo pide progreso, progreso que se evidencia en...

- la disposición a seguir a Dios aun cuando en ocasiones tropiezan y caen (Fil. 3:14),
- la disposición a pedir perdón cuando fallan (1 Jn. 1:9), y
- la disposición a permanecer en la batalla (¡y es una batalla!) de llegar a ser una pareja conforme al corazón de Dios (Hch. 13:22).

La verdad es que las promesas son suyas. ¿Están listos y dispuestos a ponerlas a trabajar en su vida? ¿En su matrimonio? Si así es, entonces continúen su lectura para descubrir las poderosas promesas de Dios... ¡para ustedes! ¡Los próximos 30 días serán de gran bendición para su relación y su viaje juntos!

Padre, que podamos crecer más y más en nuestra confianza en tus promesas, y cosechar las bendiciones que deseas darnos.

DÍA 2

La pareja que ora junta

¿Dónde viven ustedes? Resulta que nosotros vivimos en una casa que está encima de una colina. Eso significa que nuestra casa fue construida en varios niveles. Cada día, uno de nosotros escribe en un piso de la casa, y el otro escribe en el de encima. Para poder comunicarnos con el otro desde una oficina a la otra mientras trabajamos en nuestros manuscritos, usamos walkie-talkies.

Hace poco, un día en el que nos acompañaban nuestros nietos, vieron nuestros walkie-talkies y, como era de esperarse, querían usarlos. Después de explicarles cómo funcionaban, le dimos uno a Jacob y otro a Katie.

Pues bien, no pasó mucho tiempo antes de que los niños regresaran, con los localizadores en mano, llorando y quejándose porque los walkie-talkies estaban dañados. Como eran tan pequeños para entender cómo enviar y recibir mensajes, Jacob y Katie estaban convencidos de que el problema eran los aparatos.

Tal vez todos somos en gran medida como nuestros nietos: ¡no entendemos cómo comunicarnos con Dios! Entonces, cuando pensamos que nuestras oraciones no reciben respuesta, tendemos a desanimarnos y culpar a Dios. Pensamos que Dios es el problema. Preguntamos: "¿Por qué no contesta Dios mis oraciones?". Pero si miran las promesas de Dios de la oración contestada, verán que Dios nunca falla. Escucha a Jesús mismo ofrecer esta promesa:

> Pedid, y se os dará; buscad, y hallaréis; llamad, y se os abrirá. Porque todo aquel que pide, recibe; y el que busca, halla; y al que llama, se le abrirá (Mt. 7:7-8).

¡Dios sí contesta nuestras oraciones! De hecho, Él promete contestar cuando ustedes oran. Y a veces Él contesta cuando ustedes ni siquiera saben cómo orar por algo. Cuando esto sucede, el Espíritu Santo aparece e "intercede por nosotros" (Ro. 8:26). Sin embargo, ustedes conocen por lo general sus necesidades individuales y como pareja, y por quién o por qué deben orar. Así que Dios les pide que *pidan*.

Conversen acerca de la posibilidad de orar juntos. Si ambos están de acuerdo en intentarlo, o en volver a instituir la oración en pareja, conténtense con empezar poco a poco. Los dos pueden empezar orando una frase cada uno cuando dan gracias antes de comer o cuando se disponen a darse el abrazo de despedida en la mañana.

Francamente, nuestro momento de oración juntos que más nos gusta es cuando nos acostamos en la noche, apagamos la luz, nos tomamos de la mano y oramos brevemente por algunas personas, amigos, familiares, y por aquellos que nos han pedido oración.

No se pierdan esta oportunidad para fortalecer su matrimonio. Comprométanse y cultiven el hábito de presentarse ante el Señor juntos como pareja en oración. No tiene que ser algo elaborado o formal, ni tomar más de unos minutos. Que sea lo más sencillo, natural y fácil posible para los dos.

¿Y el resultado? Ambos serán bendecidos. Y también obrará maravillas en su matrimonio. Después de todo, ¿qué reza el dicho? "La pareja que ora unida permanece unida". Orar juntos es una experiencia espiritual compartida; es un fuerte vínculo que une dos corazones y dos almas. Imaginen también el gozo mutuo que van a experimentar cuando vean las respuestas de Dios a sus oraciones… ¡juntos!

Señor, tú prometes oír nuestras oraciones. ¡Que nuestros corazones anhelen cada día tener comunión contigo!

DÍA 3

Adaptación y transformación

Jim trabajó en el campo de la medicina, lo cual significa que todavía lee revistas de medicina y artículos que le llaman la atención. Uno de tales artículos era un reporte sobre un estudio realizado con miles de hombres y mujeres que habían vivido por encima de su expectativa de vida. Muchas de esas personas habían sobrepasado con mucho los noventa años, y algunos eran mayores de cien años. En la medición de los secretos de la longevidad, los investigadores examinaron la personalidad, los hábitos alimenticios, el ejercicio físico y el consumo de sustancias como el alcohol y el tabaco.

Mientras leía, Jim (al igual que ustedes probablemente) dio por sentado de inmediato que el factor determinante de la longevidad de estas personas era lo que comían o bebían. Él supuso: "Seguramente comieron tofu y algas, y bebieron agua purificada de alguna fuente montañosa secreta".

Pero, oh sorpresa, los investigadores reportaron que el denominador común no fue lo que esas personas hicieron o lo que no consumieron. No. La mayoría de esas personas tan mayores habían establecido pocas restricciones a sus hábitos físicos.

¿Saben cuál fue el denominador común en la vida de todos esos "supervivientes"? En una palabra: *adaptabilidad*.

Al parecer, esas personas vivieron más tiempo porque tenían la capacidad de adaptarse, de cambiar conforme a las diferentes etapas de la vida, cambiar con la muerte de sus cónyuges, cambiar conforme a su entorno.

¿Cómo se califican en el aspecto del cambio? Les guste o no, todos somos parte de un mundo cambiante. Los trabajos vienen y van. El tamaño de la familia sigue expandiéndose… y encogiéndose. Las relaciones y la salud son inciertas. La vida tiene sus etapas cambiantes. Y con cada una, ustedes como pareja deben adaptarse.

El cambio no se limita al aspecto físico, matrimonial y vocacional. De hecho, el cambio es más crítico en el área espiritual que en todas las demás. ¿Por qué? Porque servimos a un Dios cuya especialidad es el cambio y la transformación.

Desde la caída de Adán y Eva en el huerto de Edén, Dios ha deseado atraer de nuevo a los perdidos y crear una raza espiritual de personas redimidas, un pueblo que le ame, le siga y le obedezca. El plan de Dios para llevar esto a cabo llegó a su punto culminante con la encarnación de Jesucristo. La salvación es posible gracias a la vida, la muerte y la resurrección de Cristo. Cuando entramos en una relación con Cristo, Dios promete, *promete*, llevar a cabo un cambio radical en nuestra vida. ¿Qué tan radical? Dios está comprometido con nada menos que establecer un orden totalmente nuevo de creación. Esto dice su poderosa promesa:

> De modo que si alguno está en Cristo, nueva criatura es; las cosas viejas pasaron; he aquí todas son hechas nuevas (2 Co. 5:17).

A Dios no le interesa preservar el status quo. En el Antiguo Testamento, Él promete dar a su pueblo un "corazón nuevo" y poner en ellos un "espíritu nuevo", quitar su "corazón de piedra" y reemplazarlo por un "corazón de carne" (Ez. 36:26).

El cambio puede ser bueno o malo. Cuando ocurre el cambio, pueden crecer en fe y conocimiento… o pueden recaer en viejos hábitos, costumbres, acciones y actitudes. ¡No pueden quedarse en el cambio pasado! *Hoy* es un nuevo día con nuevos retos para ustedes como individuos y como pareja. Deben pedir *hoy* a Dios que los capacite para conformarse más a la imagen de su Hijo.

Entonces *mañana* deben levantarse (otra vez) y orar a Dios (otra vez) por poder (otra vez) para un nuevo día de cambio. Hagan todo lo que sea necesario para garantizar que las viejas costumbres no se filtren en su vida y los hagan recaer en los viejos patrones pecaminosos. La batalla por el cambio hacia una vida piadosa es constante. Y seamos sinceros: será permanente hasta que nos encontremos con nuestro Salvador cara a cara. El Espíritu Santo ha infundido sus corazones, sus almas, sus cuerpos y su matrimonio de vida nueva, y nada es lo mismo.

Padre, que veamos cada nuevo reto como una oportunidad para acercarnos más a ti y a la semejanza de tu Hijo.

DÍA 4

Olviden y olviden... ¡y olviden!

Aunque nunca he asistido a uno de mis reencuentros de la secundaria, ¡he oído acerca de ellos! Mis amigos me han contado acerca de compañeros que se ven idénticos a como se veían entonces, y de otros cuyas personalidades no han cambiado en absoluto. También han contado que otros son más grandes, ¡o más calvos! Y casi irreconocibles. También, tristemente, algunos que disfrutaron de éxito durante sus años de secundaria han tomado el camino del alcoholismo, han sufrido discapacidades y se han enfrentado a otras tragedias.

El pasado. Nos hace lo que somos. Nos enseña lecciones acerca de Dios, de la vida y de nosotros mismos. Aprendemos muchísimo de lo que dejamos atrás, pero nuestro aprendizaje no debe quedarse ahí. Debemos tomar esas lecciones y avanzar. Eso es exactamente lo que enseña el apóstol Pablo:

> Olvidando ciertamente lo que queda atrás, y extendiéndome a lo que está delante, prosigo a la meta, al premio del supremo llamamiento de Dios en Cristo Jesús (Fil. 3:13-14).

Olvidar lo que queda atrás no siempre es fácil. Su matrimonio puede estar plagado de recuerdos de pecados pasados, palabras hirientes, traiciones o momentos de decepción. Observen que en los anteriores versículos, la palabra "olvidando" está en tiempo *presente.* Como ven, olvidar no es un acto de una sola vez. Antes bien, como Pablo, debemos *seguir olvidando* esas cosas del pasado que nos frenan. Pablo no quería descansar en sus logros pasados, y nosotros tampoco debemos hacerlo. Pablo tampoco quería que sus errores pasados le impidieran avanzar, y debemos seguir su ejemplo.

El pasado ya no está. Ya no es real. No se queden en él; y no permitan que los frene. Olvida lo que sea que te haya impedido a ti y a tu pareja avanzar en fe y en su crecimiento espiritual. Miren el pasado solamente para recordar lo que hizo Dios con los problemas y el sufrimiento del ayer, para rememorar su presencia, su fidelidad, su compasión y su provisión de gracia en tiempos de prueba.

El amor de Dios por ustedes obtuvo el perdón de su pecado, su limpieza, su nuevo nacimiento y su nuevo comienzo. Claro, pueden quedar secuelas de sus acciones, pero el pecado en sí es perdonado. La sangre preciosa de Cristo los cubre y los limpia. Ustedes pueden, por tanto, seguir adelante con su vida… sin vergüenza y sin vacilar. Y pueden demostrar su amor por Dios resistiendo toda preocupación por aquello que Él ya quitó y cambió. Cuando su pecado pasado regrese a su mente, reconozcan el perdón de Dios, agradézcanle profusamente, y sigan adelante con alabanza y acción de gracias.

Señor, tú nos has perdonado y nos has hecho nuevos en Cristo. ¡Que podamos regocijarnos en tu provisión y fidelidad!

DÍA 5

El Dios de todo consuelo

Cuando las personas hablan de consuelo, por lo general piensan de inmediato en la integrante femenina del matrimonio. Una esposa alimenta amorosamente a su esposo, a sus hijos, a sus amigos, a un gato extraviado, a todos. ¡Esa es su naturaleza! Y en todos los tiempos de sufrimiento y dolor, ella está ahí para ofrecer consuelo a todos.

Pero ¿es correcto atribuir consuelo únicamente al lado femenino de la especie humana? ¿Es incompatible la idea de que la masculinidad del hombre tenga también un lado compasivo?

Si desean ser más "como Dios" y "como Cristo" en sus acciones y actitudes, entonces miren la siguiente promesa de Dios. En ella, descubrimos una poderosa promesa que es íntima, tierna y reconfortante. Es una imagen de Dios, el Padre, que consuela a los suyos.

> Bendito sea el Dios y Padre de nuestro Señor Jesucristo, Padre de misericordias y Dios de toda consolación, el cual nos consuela en todas nuestras tribulaciones (2 Co. 1:3-4).

Para muchos cristianos esta promesa es el pasaje más convincente de consuelo en el Nuevo Testamento. El apóstol Pablo habla reiteradamente del concepto del consuelo (2 Co. 1:1-7). Y él habla específicamente de la promesa de consuelo de Dios para aquellos de sus hijos que experimentan sufrimiento y adversidad.

Dios es el "Padre de misericordias". Es parte de su naturaleza. Las Escrituras describen a Dios como un Padre que "se compadece" de sus hijos y cuya "misericordia... es desde la eternidad hasta la eternidad" (Sal. 103:13, 17). Así que podemos ver que la compasión es una parte constante y significativa de la naturaleza de Dios.

Pablo también añade que Dios es el "Dios de todo consuelo". Él siempre está dispuesto a consolarnos. No importa cuál sea su situación adversa, ni cuán grande o pequeña, porque el Dios de *todo* consuelo está dispuesto a ayudarles. ¿Sufren física o emocionalmente? ¿Tienen dificultades en el trabajo? ¿En la casa? ¿Hay alguna tentación con la que batallan o un área en la cual necesitan apoyo? ¿Necesitan ánimo? En todo esto y más, créanlo: Dios está ahí para ayudarles y consolarles.

¿Y qué deben hacer con el consuelo que Dios da? Disfrutarlo, ¡por supuesto! Permitirle que les enseñe, ¡definitivamente! Ser fieles en transmitirlo a otros que sufren, empezando por su casa. Cada prueba que soportan, por la gracia de Dios, les ayuda a consolar a otros, en especial a su pareja cuando sufre adversidades. El bendito consuelo de Dios no solo sirve para animarles *a ustedes* sino también para animar *a otros.*

Aprendan a compartir el consuelo que han recibido de Dios. No eludan este importante ministerio a otros. Antes bien, desarrollen un corazón compasivo (Col. 3:12). Jesús es el ejemplo perfecto. Él manifestó compasión sin cesar cuando estuvo en esta tierra, consolando a todos. Que el Maestro sea su modelo a seguir.

Señor, gracias por todo el consuelo que nos has mostrado, aun cuando no lo reconocemos. Y que podamos extender con gozo ese consuelo a otros.

DÍA 6

Una obra inacabada

¿Son ustedes de aquellos a los que les gusta empezar proyectos, prácticas y ministerios? Como pareja, eso es lo que hemos hecho durante 35 años de matrimonio. Y ha sido un gran gozo ver muchas de nuestras aventuras cumplirse y continuar.

Pero hay algo que debemos confesar: tenemos tendencia a no terminar algunos de nuestros proyectos (¡y tenemos una unidad de almacenamiento repleta que lo demuestra!). Empezar un nuevo proyecto es emocionante, especialmente cuando se es visionario y se tienen muchas ideas. Pero a medida que avanzamos en esa empresa, es fácil distraerse con otro sueño nuevo… y entonces, antes de darnos cuenta, estamos en otra parte corriendo, ¡como un perro con un nuevo y jugoso hueso con esa última inspiración!

Es entonces cuando nos damos cuenta de lo afortunados que somos de contar con otras queridas almas que nos acompañan y ayudan a terminar lo que hemos empezado. En el primer lugar de nuestra lista de "acción de gracias" a Dios están los nombres de muchos amigos maravillosos y de personas consagradas a perfeccionar su tarea. Pero ante todo, tú y yo podemos dar gracias a Dios porque en lo que respecta a nuestro destino eterno, *Él* es quien comienza *y* perfecciona todo.

¿Se sienten algunas veces como una pareja que no progresa mucho en su vida espiritual? ¿Que avanzan dos pasos en su crecimiento… solo para retroceder uno (o dos)? ¿Se desaniman con las fallas y el lento crecimiento de alguno de ustedes? ¿Se sienten como una obra inacabada? ¿Incompleta?

Pues bien, anímense. Cuando Dios empieza un proyecto (¡que son ustedes!), Él lo completa. Dios ha prometido que Él ayudará a todos aquellos que reciben a su Hijo como Salvador para que crezcan en su gracia hasta que Él haya completado, sí, *completado* su obra en nuestras vidas.

Esa es toda la esencia de esta promesa. Cuando el apóstol Pablo escribió su carta a los creyentes en la iglesia filipense, expresó emoción porque había oído que sus amados amigos estaban madurando en su fe cristiana. Y cuando escribía a sus compañeros en Cristo, Pablo compartió su confianza en que Dios sería fiel para continuar el proceso de crecimiento espiritual en sus vidas.

Y amigos, Dios continuará ese proceso hasta perfeccionarlos también a ustedes. ¡Esa es una promesa! Léanla ustedes mismos. Lean las poderosas, alentadoras y consoladoras palabras de confianza de Pablo para sus amigos… ¡y para ustedes!

> Estando persuadido de esto, que el comenzó en vosotros la buena obra, la perfeccionará hasta el día de Jesucristo (Fil. 1:6).

¡Eres un Dios fiel! Cuando sentimos que no alcanzamos la medida, podemos descansar con la seguridad de que tú llevarás a cabo la obra completa en nosotros.

DÍA 7

"Busquen primero"

Si ustedes se parecen a nosotros, quieren que sus hijos tengan algunas de las cosas que ustedes no tuvieron cuando eran pequeños. Y ciertamente no quieren que ellos cometan los mismos errores que ustedes. Dicho de otra manera, quieren que ellos tengan una vida mejor, que *vivan* una vida mejor. En pocas palabras, ambicionan o desean su éxito. ¡Pero cuidado! Esa ambición puede resultar contraproducente. Por desdicha, Rebeca, la esposa de Isaac, es un ejemplo de esta realidad.

¿Están preocupados por el estatus social y económico de sus hijos? Muchas madres se preocupan porque sus hijos vayan a las "mejores" escuelas, vivan en el "mejor" vecindario, se junten con las personas "correctas" para tener las conexiones necesarias para salir adelante y avanzar. Esto es en esencia lo que Rebeca hizo. Ella manipuló a su hijo favorito, a su esposo y a su hijo menos favorito con el fin de llevar a cabo sus ambiciosos planes por "el bien" de su hijo Jacob; por su posición, su riqueza y su bienestar.

¿Y cuál fue el resultado? Jacob tuvo que correr, en sentido literal, por su vida. Se vio obligado a huir de su casa para evitar caer en manos de la ira asesina de su hermano. Tristemente, Rebeca nunca volvió a ver a su precioso hijo Jacob.

¿Cómo imaginan que hubiera sido la situación familiar ante una vida entera de tanta parcialidad y engaño, y después de algo tan drástico como un hijo que trata de asesinar al otro, causando la división familiar? Si la situación era mala antes de semejante ruptura, solo pudo haber empeorado después. Lo más probable es que haya sido insoportable.

Las aspiraciones de Rebeca para su hijo pasaron de tomar el asunto en sus manos a crear una tragedia familiar. No está mal soñar con que la vida de los hijos sea mejor. Deben asegurarse de que sus hijos reciban una buena educación y que desarrollen autodisciplina y automotivación. Deben procurar que sus hijos triunfen y contribuyan de manera positiva a la sociedad y a sus futuras familias. Pero nunca deben desear estas cosas a expensas de los principios divinos.

Enfoquen *su* atención en vivir para Dios y confiar en su cuidado. Luego entrenen a sus hijos en rectitud. Muéstrenles el camino, y el porqué, de tomar decisiones que son agradables a Dios. Luego oren fielmente y confíen en que el Señor dirige a sus hijos en sus carreras futuras, trabajos y cónyuges. En palabras de Jesús:

> Mas buscad primeramente el reino de Dios y su justicia, y todas esas cosas os serán añadidas (Mt. 6:33).

Señor, recuérdanos a diario que cuando te damos a ti el primer lugar, tú te encargas de todo lo demás.

DÍA 8

El manual de estrategia

Una vez escuché acerca de un buen equipo de fútbol americano que fue derrotado por un equipo más débil. Sin importar cuál era la jugada, parecía que el oponente sabía exactamente cómo defenderse y contraatacar. Los entrenadores del equipo más fuerte estaban intrigados tratando de comprender por qué habían perdido. Luego, al cabo de un tiempo, el misterio quedó resuelto: uno de sus manuales de estrategia había caído en manos del equipo contrincante. El manual robado le dio al equipo contrario una guía para obtener la victoria. Ellos conocían cada plan y jugada que el otro equipo podría intentar.

Dios nos ha dado también, como cristianos, un manual de estrategia: la Biblia. Esto significa que podemos defendernos con todo éxito de los "dardos de fuego del maligno" (Ef. 6:16). Entonces propónganse como pareja seguir juntos el consejo de Dios, siempre.

> Solamente esfuérzate y sé muy valiente, para cuidar de hacer conforme a toda la ley que mi siervo Moisés te mandó; no te apartes de ella ni a diestra ni a siniestra, para que seas prosperado en todas las cosas que emprendas (Jos. 1:7).

Como equipo, no se dejen distraer ni desanimar. No se aparten ni a diestra ni a siniestra. Mantengan su devoción enfocada en Dios y en su manual de estrategia para ustedes y para su matrimonio "para que seas prosperado en todas las cosas que emprendas" (Jos. 1:7).

Cuando Josué se preparaba para ir a la batalla, tenía todas las razones para tener miedo. Primero, era sucesor del grandioso Moisés, quien hablaba con Dios y había sacado al pueblo de Egipto. Luego estaba su ejército, ¡si acaso podría llamarse así! Sus hombres eran una banda diversa con poco o ningún entrenamiento militar ni experiencia en la guerra. Y por último, estaba el enemigo. Josué los había visto por sí mismo. Eran gigantes, de tribus salvajes que se negaban a entregar su tierra sin plantear una pelea violenta (Nm. 13:32; 14:45).

Siendo conocedor de todo esto, Dios dijo a Josué: "esfuérzate y sé muy valiente". Él fue como un entrenador en la línea de banda, animando a Josué a "guiar a este pueblo a la victoria, ¡a darles la tierra!".

Josué pudo ir a la batalla con valentía, seguro de que Dios le había prometido la victoria. Dios no iba a permitirle fracasar.

La confirmación de Dios de su promesa para Josué debe infundir confianza a cada pareja cristiana. Dios les ha prometido la victoria. ¿Lo creen? Entonces confíen en Él. "Mas a Dios gracias, el cual nos lleva siempre en triunfo en Cristo Jesús" (2 Co. 2:14). ¡Es una promesa! Pueden tener plena confianza en las batallas que afrontan y pelean en la vida. Oren para afrontarlas con la valentía que Dios promete.

Dios, sabemos que tus promesas nunca fallarán. Que podamos conocer tus promesas, grabarlas en nuestros corazones, y usarlas como nuestra fuente de confianza y esperanza en cada situación que afrontemos.

DÍA 9

La salida

Vivir durante 30 años en el sur de California bajo la amenaza constante de terremotos ha hecho que nuestra familia se comporte con mucha cautela cada vez que entramos en edificios. Y esta cautela se agudizó después del mortífero terremoto de magnitud 6,8 en Northridge, California, cuyo epicentro estuvo a un poco menos de cinco kilómetros de nuestra casa. Aun hoy día, después de años, cuando entramos en un edificio buscamos de inmediato las señales de salida. Nos preguntamos de manera automática: "¿Dónde están?" y "¿cuál es el camino más rápido para llegar a ellas?". No somos paranoicos (¿o sí?). ¡Debe ser que todavía estamos esperando el "más grande"!

Puede ser que ustedes nunca tengan que enfrentarse a un terremoto, pero ¿qué de su último viaje en avión? ¿Qué fue lo primero que hicieron los asistentes de vuelo? Les enseñaron cómo salir del avión en caso de emergencia, ¿o no? Es muy importante conocer las salidas de emergencia, ya sea por seguridad contra incendios, accidentes aéreos, supervivencia en un terremoto... o incluso cuando se enfrentan a la tentación.

La tentación se presenta en la vida de todo creyente. Ninguno de nosotros es inmune (¡y ustedes saben a qué nos referimos!). Entonces, ¿qué les parece una promesa de victoria sobre la tentación? Tenemos buenas noticias: ¡Dios tiene una promesa para ustedes!

> No os ha sobrevenido ninguna tentación que no sea humana; pero fiel es Dios, que no os dejará ser tentados más de lo que podéis resistir, sino que dará también juntamente con la tentación la salida, para que podáis soportar (1 Co. 10:13).

En estas palabras reconfortantes Dios nos promete ser librados del pecado. En otras palabras, esta es la promesa de Dios de una "salida". Dios no nos muestra *cómo* salir de nuestras situaciones difíciles. No. Nos muestra cómo *Él* proveerá una salida para que no sucumbamos a las tentaciones de la vida.

Por tanto, no deben considerar la tentación como algo malo. No es bueno ni malo; es simplemente una oportunidad para que ustedes reafirmen y fortalezcan su fe y su confianza en Dios.

Y he aquí otro hecho importante: la tentación no debería ser vista como pecado. En cambio, *ceder* a la tentación sí es pecado.

La tentación, cuando resisten, puede ayudarles a desarrollar músculos espirituales al igual que las pesas de metal en el gimnasio les ayudan a desarrollar músculos físicos. Cuanto más puedan resistir la tentación, más fuertes se volverán sus músculos espirituales. Es vital, por tanto, que ustedes resistan la tentación tanto como puedan.

Pero ¿y qué pasa si la tentación se vuelve demasiado pesada para soportar? Ahí es donde la promesa de Dios de ser librados viene al rescate para poder triunfar. Él no es un espectador en nuestra vida. Él participa activamente en ella y está presente siempre. Él quiere ayudar. Y cuando la tentación se vuelve demasiado pesada para manejarla ustedes solos, Él los libra proveyendo una salida para escapar, una salida de la tentación. Un escape.

Padre, eres tan bondadoso que nos capacitas con tu fortaleza en nuestro momento de necesidad. Contigo a nuestro lado, nada debemos temer.

DÍA 10

Una vez y para siempre

La Navidad es un tiempo de alegría y felicidad en el año. Y como puede testificar la cuenta bancaria que tienen en común, ¡la compra de regalos es un elemento destacado de la temporada!

Si se parecen a nosotros, tal vez hayan recibido algunos regalos que no están seguros de cómo usar, regalos que no encajan o que simplemente no necesitan. Los recibieron de amigos y familiares bienintencionados, ¡pero tal vez han guardado las cajas originales para poder devolverlos tan pronto como sea posible!

¿Y qué de esos regalos "perfectos" que eran ideales para ustedes e incluso útiles? Esa camiseta que se pusieron hasta que se volvió un trapo. Y todavía usan aquella herramienta o procesador de comida.

Dios les ha dado un regalo aún más valioso y útil, ¡un regalo salvavidas! Les dio el regalo de su Hijo, el Señor Jesucristo. El apóstol Pablo llamó a Jesús el don de Dios, "su don inefable" (2 Co. 9:15).

Cuando ustedes reciben el don de Dios, que es Jesús, también reciben la promesa del perdón de Dios. Y observen cuán completo es ese perdón:

> Cuanto está lejos el oriente del occidente, hizo alejar de nosotros nuestras rebeliones (Sal. 103:12).

¿Están luchando con un pecado que les parece demasiado grave como para que Dios lo perdone? Recuerden que Dios es más grande que todo su pecado. Claro, puede que tengan que enfrentarse a las consecuencias de ese pecado en su vida. Es difícil enmendar relaciones rotas, la infracción de leyes recibe su justo castigo, el dinero prestado y gastado hay que devolverlo. Pero el amor y el perdón purificador de Dios los guardará en medio de todas las consecuencias.

¿Y qué del pecado al otro lado del espectro? Tal vez piensen que su pecado es demasiado pequeño para que Dios lo note o se interese. Ya saben, esas "mentiritas piadosas", esas indiscreciones por descuido. Tal vez deseen pensar que esos pequeños pecados son tan pequeños que no son "detectables" en el radar de Dios.

Sin embargo, estos pecados que no se confiesan sí tienen una consecuencia. Estorban nuestra comunión con un Dios santo y justo. (¿Y adivinen qué? ¡Estorban su comunión como pareja!). Es cierto que Dios perdona el pecado, pero también es cierto que no pasa por alto ninguno. Por tanto, sean sus pecados grandes o pequeños, necesitan experimentar la promesa de perdón de Dios.

Cuando ustedes reciben a Jesucristo, sus pecados son perdonados una vez y para siempre. Cuando Jesús dijo en la cruz "consumado es", se refería a su obra redentora (Jn. 19:30). Cada pecado que hayan cometido o cometerán en la vida lo cubre la muerte de Jesús.

El perdón de Dios es completo porque la obra de Jesús es completa. La justicia de Dios se satisfizo cuando su Hijo murió. Dios puede, por tanto, mostrarles su misericordia y completar el perdón.

Señor, que nunca despreciemos tu perdón, y que nunca olvidemos lo que te costó hacer posible ese perdón.

DÍA 11

Sin cesar

¡Habla Elizabeth! Cuando estaba en mi segundo año de secundaria, tocaba el violín. No lo hacía precisamente muy bien, aunque practicaba. ¡Pero estoy segura de que hubieran preferido no oírme cuando no practicaba! La oración es algo parecido. La oración, al igual que todo lo que se hace con constancia y fidelidad, se vuelve algo más natural y normal. Pero cuando somos inconstantes en la oración, nos sentimos raros y no sabemos bien qué decir a Dios. Dios no espera que ustedes oren cuando puedan hacerlo sin equivocarse. Él solo quiere oírlos. Como pareja, hagan los ajustes necesarios para cultivar el hábito de hablar con Dios con frecuencia, ¡preferiblemente cada día!

Eso hizo David, "el dulce cantor de Israel" (2 S. 23:1). Él declaró a Dios:

> Oh Jehová, de mañana oirás mi voz; de mañana me presentaré delante de ti, y esperaré (Sal. 5:3).

Otro salmista proclamó: "*siete veces al día* te alabo a causa de tus justos juicios" (Sal. 119:164), para manifestar que oraba y alababa varias veces al día en una constante actitud de alabanza. Cuando no oran, en cierto sentido manifiestan que no necesitan a Dios. Además, cuando no oran, también comunican que tal vez ni siquiera piensan en Él. ¿Cómo puedo decir eso? Porque cualquier pensamiento acerca de Dios mueve nuestro corazón a orar.

Si podemos dar un consejo, es este: oren fielmente. La fidelidad es señal de madurez. Las personas fieles son confiables en lo que dicen y en lo que hacen. Y la fidelidad es un elemento indispensable en cualquier relación, especialmente en una relación con Dios. Sabemos que Dios es fiel. Él es inmutable y no cambia. La fidelidad es uno de sus atributos. De modo que para mantenerse en una relación con Dios, tienen que ser fieles a Él. Y la mejor manera de ser fieles como pareja es por medio de una vida de oración constante y comprometida.

Respirar aire es lo que sustenta la vida. Es un hecho fundamental: si respiras, estás vivo. Por consiguiente, ninguna persona en su sano juicio decidiría: "creo que voy a dejar de respirar por un momento". No. La respiración es indispensable para la vida. Y deben considerar la oración de igual manera. La oración es necesaria para la vida cristiana, y también para una vida mejor. Así como respiran en tanto que están vivos, de igual manera deben orar mientras vivan. ¡Háganlo de por vida!

Señor, eres tan fiel con nosotros. Que seamos fieles a ti, con oraciones que te busquen en todo tiempo, en todo lugar, por todas las cosas.

DÍA 12

Inmerecido

Gracia. Solo mencionar la palabra, y muchos piensan de inmediato en el himno cristiano "Sublime gracia". Y a decir verdad, la historia del autor de este himno es precisamente acerca de la asombrosa gracia de Dios.

John Newton fue un traficante de esclavos que tuvo su negocio en el siglo XIX. Era un hombre duro e inmoral que más adelante se describió a sí mismo como un "desgraciado", y desde todo punto de vista, lo era ¡y más! A raíz de varias circunstancias graves que pusieron en riesgo su vida, Newton experimentó una conversión impresionante que cambió su corazón y su forma de vida. Llegó a ser un famoso predicador y compositor de canciones. Con razón la primera línea de su himno expresa con asombro: "Sublime gracia del Señor que a mí, pecador, salvó".

Sí, la gracia de Dios es asombrosa. Más aún, Dios dice esto:

> Bástate mi gracia (2 Co. 12:9).

¿Alguna vez has hecho algo malo, algo *realmente* malo? Sabías que estaba mal, y también lo sabían todos los demás a tu alrededor. Y aun así, tu cónyuge, tu jefe o tus hijos te perdonaron. Entonces has experimentado un poco lo que significa recibir gracia inmerecida. ¡Eso es la gracia de Dios! En términos sencillos, "gracia" es la misericordia de Dios, el favor de Dios: el favor *inmerecido* de Dios.

Desde el comienzo mismo de la historia documentada Dios ha

mostrado su favor, empezando por Adán y Eva. Esta pareja desobedeció voluntariamente a Dios y merecía el castigo de la muerte por su desobediencia. Pero en lugar de eso, Dios mostró su gracia, su favor hacia ellos, ¡que es totalmente inmerecido!

Y así ha sido en toda la historia bíblica. La nación de Israel es otro ejemplo de la gracia de Dios. El pueblo merecía la destrucción, pero Dios en su gracia no los abandonó.

Ahora adelantémonos hasta el presente, a la situación de ustedes. La Biblia afirma claramente que "todos pecaron [¡y ese "todos" significa todos!], y están destituidos de la gloria de Dios" (Ro. 3:23), y que "la paga del pecado es muerte" (Ro. 6:23). Como todos los que les han precedido, ustedes tampoco merecen el favor de Dios. Merecen la muerte. Sin embargo (y aquí viene a la gracia inmerecida de Dios), "por gracia sois salvos por medio de la fe; y esto no de vosotros, pues es don de Dios" (Ef. 2:8).

La gracia es el amoroso favor de Dios que Él ofrece porque así lo quiere, sobre aquellos a quienes Él salva. No es posible merecer la gracia. Si se pudiera, ya no sería inmerecida. Y no podemos salvarnos a nosotros mismos. Solo Dios puede salvarnos. La única forma en que podemos recibir este don de la gracia de Dios es por medio de la fe en Jesucristo (Ro. 3:24).

Amigos, ¿ha derramado Dios su gracia sobre ustedes por medio de Jesucristo? Si así es, entonces ustedes han experimentado la gracia de Dios, que es sublime, suficiente e inmerecida.

Señor, gracias por tu abundante gracia en nuestras vidas. ¡Que nuestra gratitud abunde también!

DÍA 13

Correr en círculos

Durante años, yo (Jim) he hecho un compromiso serio de mantenerme en forma corriendo. En ocasiones, esta decisión ha presentado sus propios inconvenientes. Por ejemplo, cuando corrí en París, Francia. Cuando estaba de visita con unos amigos misioneros, decidí levantarme temprano antes de que empezaran nuestras reuniones para ir a correr. Era una esplendorosa mañana de primavera, una de aquellas que han hecho célebres a París. Entonces salí.

Mientras corría, prestaba un poco de atención a mis alrededores. Pero luego, como hago de costumbre cuando corro, me quedé absorto en mis pensamientos. Siempre corro durante una cantidad determinada de minutos, así que esa mañana, cuando había pasado casi la mitad de mi tiempo señalado, me di la vuelta para volver al apartamento de mi amigo. Pero para sorpresa mía, cuando miré ¡nada parecía conocido! Era todavía muy temprano, así que había muy pocas personas en la calle. Y las señales en las calles y las tiendas estaban en francés… y no sabía una sola palabra en ese idioma para pedir ayuda. Básicamente ¡estaba perdido en París!

Fue entonces cuando me dije que si corría por los alrededores un rato, tarde o temprano encontraría algo conocido que me ayudara a encontrar mi camino de vuelta. Pero después de correr en círculos por un rato, ¡nada parecía conocido en absoluto! Entonces empecé a ponerme nervioso. ¿Por qué no había pensado en llevar conmigo la dirección de mi amigo, o al menos su número telefónico? Hasta había dejado mi pasaporte en el apartamento. Y si no salía de ese contratiempo pronto, ¡podría quedarme perdido para siempre en las calles de París!

Amigos, cuando todo lo demás falla, oren. Ahora bien, ¿no es así como por lo general sucede? Solo se me ocurrió pensar en orar cuando estaba a punto de oprimir el botón de pánico. "Señor —clamé—, por favor muéstrame algo que me ayude a volver al apartamento".

¿Fue "coincidencia" o respuesta a la oración? (¡creo que ya saben la respuesta!) Casi antes de terminar mi clamor a Dios, lo vi: el aviso de la exposición de camiones Talbot. ¿Por qué me había fijado en esa señal? Porque *Talbot* es el nombre del seminario donde recibí mi formación teológica. Y por esa razón me había fijado bien en la exposición de camiones cuando pasé junto a ella. En solo diez minutos ya estaba de regreso a salvo en el apartamento.

¿Alguna vez han tenido una experiencia similar? ¿Han estado perdidos y han necesitado instrucciones? ¿O han estado en medio de una difícil toma de decisiones como pareja y han necesitado consejo? Pues bien, ¡Dios tiene una promesa perfecta para ustedes!

> Fíate de Jehová de todo tu corazón, y no te apoyes en tu propia prudencia. Reconócelo en todos tus caminos, y él enderezará tus veredas (Pr. 3:5-6).

Tomen nota: en esta promesa de Dios, Él no garantiza que alguno de nosotros no se perderá en una ciudad extranjera. Pero sí promete que les dará dirección para toda la vida... si la desean.

Señor, tú prometes dirección cuando la necesitamos. ¡Que siempre seamos prontos en presentarte nuestras necesidades!

DÍA 14

Anclados en la esperanza

Esperamos y oramos que este no sea el caso de ustedes, pero por desdicha la mayoría de las personas no saben qué buscan en la vida. No conocen su propósito. Entonces ¿qué hacen? Se fijan en el poder, la riqueza, las relaciones y la salud. Creen que los logros en estas esferas satisfarán sus anhelos profundos.

Pero ¿las conquistas en esas esferas realmente lo logran? ¿Son las parejas realmente felices cuando logran estar en forma, tener dinero, influencia y amistades?

La respuesta es *sí*, en cierta medida. Pero amigos, hay más, mucho más… en la vida. Como escribió un desdichado hombre en su carta de suicidio: "Valgo diez millones de dólares según los términos humanos, pero soy tan pobre en espíritu que ya no puedo vivir más. Algo está terriblemente equivocado respecto a la vida".

Nos preguntamos entonces: ¿qué le faltaba a la vida de este hombre?

En una palabra… *¡esperanza!* ¿Has oído el dicho? "Puedes vivir 40 días sin comida, cinco minutos sin aire, pero no puedes vivir un segundo sin esperanza". La verdadera esperanza, una esperanza confiada, es lo que la gente, aun aquel exitoso y adinerado hombre de negocios, anhela. Pero cometen el error de buscarla en los lugares equivocados.

La esperanza verdadera y duradera se encuentra en un solo lugar: la Biblia. La esperanza verdadera y duradera se encuentra en una sola persona: Jesucristo. Y la promesa de una esperanza verdadera y duradera proviene de una sola fuente: ¡Dios! Escuchen ahora una de sus numerosas promesas de esperanza:

> Porque yo sé los pensamientos que tengo acerca de vosotros, dice Jehová, pensamientos de paz, y no de mal, para daros el fin que esperáis (Jer. 29:11).

"¿Qué quieren primero, las noticias buenas o las malas?". Pues bien, en el caso de la promesa de esperanza de Dios en Jeremías 29:11, Dios comunicó primero las malas noticias. Informó a los hijos de Israel que permanecerían en cautividad lejos de su patria durante 70 años como castigo por desobedecer repetidamente sus mandamientos (v. 10).

Pero en seguida dio las buenas noticias. Al cabo de los 70 años de exilio, Dios volvería a visitar a su pueblo y cumpliría su promesa de devolverlos a su tierra. Estas eran excelentes noticias, y esperanzadoras.

¡Setenta años es mucho tiempo! Imaginen cuán fácil hubiera sido para el pueblo perder la esperanza y pensar que Dios les había dado la espalda. Imaginen con cuánta frecuencia debieron de sentirse tentados (¡tal vez a diario!) a pensar que Dios ya no les amaba ni se interesaba por ellos. Pero no cabe duda de que todos esos pensamientos hubieran sido incorrectos. Para evitar ese tipo de razonamiento, Dios comunicó a los israelitas esta brillante promesa de esperanza por medio del profeta Jeremías.

¡Israel sí que necesitaba ánimo! Necesitaban saber que, a pesar de su situación, podían seguir anclados firmemente en su confianza en Dios y en su fe en el cuidado amoroso de Él para con ellos. Sí, habían pecado y desobedecido a Dios muchas veces. Pero Dios les daba *esperanza* de que, aun en medio de su *calamidad*, Él llevaba a cabo sus *planes* para sus vidas y para su *futuro*.

Y Dios también lleva a cabo su plan para ustedes como pareja. Ustedes, como los israelitas, pueden confiar en el plan de Dios para ustedes, su matrimonio y sus empresas. ¿Por qué pueden tener una esperanza firme? Porque su esperanza no es como un barco que está a merced de los vientos cambiantes. No. ¡Su esperanza está anclada en Dios mismo!

Puesto que Dios ha designado su agenda personal como pareja, y está presente siempre, ustedes pueden tener una esperanza sin límites, una esperanza anclada en la promesa de un Dios todopoderoso. ¡Cuanto más fuerte sea su fe en Dios, más fuerte será su esperanza!

Señor, solo tú eres soberano. Todo sucede conforme a tu plan. Gracias porque podemos tener la confianza en tu dirección y tu provisión… ¡sin importar lo que pase!

DÍA 15

La fuente de la vida

¡Habla Jim! Uno de los preciados regalos que me dieron mis padres siendo niño fue el interés por la lectura. Desde temprana edad, mi madre me inscribió en un club de lectura de libros clásicos infantiles. Cada mes me llegaba por correo un nuevo libro clásico, y hacía un nuevo viaje, navegando con piratas en barcos llevados por el viento, explorando islas desconocidas en busca de tesoros escondidos (¡mientras Elizabeth descifraba misterios con Nancy Drew!).

Un cuento que me fascinaba en particular era la historia de la búsqueda de la fuente de la eterna juventud; ya saben, la fuente cuyas aguas supuestamente podían devolver la juventud. El explorador español Juan Ponce de León, que creía en esta leyenda, partió en 1513 en una expedición desde Puerto Rico para descubrir esta fuente cuyos poderes para dar vida, según se creía, emanaban de una isla llamada Bimini.

Sobra decir que Ponce de León no encontró la fuente de la juventud, pero sí descubrió una masa de tierra en la mañana de Pascua de 1513. Al nuevo territorio lo llamó *Pascua Florida*, que en español significa "flor de Pascua". A este explorador le debemos el nombre del estado de Florida en la actualidad.

Esta historia de Juan Ponce de León muestra la fascinación por la vida que la humanidad ha sentido a lo largo de su historia. Hay una obsesión con la vida aquí y ahora, y con la vida en el más allá. Hombres y mujeres piensan constantemente en esto, ya sea que lo verbalicen o no. Muchos anuncios de televisión ofrecen nuevos productos que nos harán ver o sentir más jóvenes. Parece que las personas pagarían cualquier suma de dinero por "la fuente de la juventud". Sí, la preocupación por la vida está arraigada de manera permanente en la humanidad.

Pero ¿qué pasaría si alguien pudiera realmente darte vida? ¡Eso sería una noticia formidable! ¿No te parece? Bueno, adivinen: *sí* existe tal persona, y su nombre es Jesucristo. Escuchen su promesa:

> Yo he venido para que tengan vida, y para que la tengan en abundancia (Jn. 10:10).

¿Se han preguntado alguna vez por qué Jesús, Dios encarnado, vino a esta tierra? Pues bien, su promesa les da su propósito. Jesús vino a ofrecer vida: vida abundante y vida eterna. Él también proclamó: "yo les doy vida eterna; y no perecerán jamás, ni nadie las arrebatará de mi mano" (Jn. 10:28). Jesús es un dador de vida, vida abundante; y un sustentador de la vida, vida eterna.

¿Y a quién ofreció Jesús vida eterna? A aquellas ovejas que *oyen* su voz y le *siguen* (Jn. 10:3). ¿Alguna vez has oído la voz del Buen Pastor? Si es así, Jesús promete que tendrás vida… ¡y vida en abundancia!

Gracias, Señor, por tu regalo de la vida eterna. Que nunca permitamos que el trajín cotidiano nos desvíe de las bendiciones que con tanta generosidad nos has dado.

DÍA 16

Nada puede separarnos

¿Cuántas veces te has encontrado con una auténtica celebridad? El hecho de vivir casi 30 años en el sur de California y de trabajar por una temporada en Beverly Hills, me permitió (habla Jim) tener algunas oportunidades para al menos reconocer a algunas estrellas de cine. En realidad nunca hablé con ninguna, pero era emocionante llegar a casa y jugar al "adivina a quién vi hoy" con Elizabeth.

Sin embargo, hace unos años Elizabeth y yo sí conocimos en persona a un músico famoso en una cena que organizaron unos amigos. Nunca esperamos encontrarnos con esa celebridad porque no acostumbramos a movernos en esos círculos sociales. Este músico era Hal David, el autor de la letra de *What the World Needs Now is Love* [Lo que el mundo necesita ahora es amor]. La música fue compuesta por Burt Bacharach e interpretada por Jackie DeShannon.

Bueno, en todo caso este compositor era una persona muy interesante y agradable. Fue fascinante escuchar cómo llegó a escribir la letra de esa canción que ha sido galardonada. Y aparte de esto, esa noche le acompañaba la cantante que interpretó la famosa tonada originalmente para su lanzamiento. ¡Han adivinado! Nuestros anfitriones les pidieron a estas dos "estrellas" que cantasen su famosa canción. Y sin darnos cuenta, nosotros, y todas las personas del restaurante, estábamos cantando junto con ellos. ¡Qué sorpresa única en la vida!

Si conocen la célebre canción de la que hablamos, tal vez la estén tarareando en este momento, ¿no es así? Y apostamos a que también estarán de acuerdo con el mensaje de la canción. El mundo todavía necesita amor… ¡y todavía escasea!

Sin embargo, fíjense en esta poderosa promesa de Dios:

> Porque no nos ha dado Dios espíritu de cobardía,
> sino de poder, de amor y de dominio propio (2 Ti. 1:7).

El amor es una cualidad bíblica esencial para todos. Y tanto en el caso de hombres como de mujeres, es una actitud que se malinterpreta con frecuencia. Nuestra sociedad confunde amor con lujuria. La lujuria es un fuerte deseo físico o sexual. Puede existir en total ausencia de sentimientos de amor o de afecto, y convertirse en un camino de una sola vía para la gratificación y la satisfacción egoístas.

Sin embargo, el tipo de amor que viene de Dios es contrario a todas nuestras tendencias normales. A diferencia de la lujuria y la gratificación egoísta, la clase de amor que viene de Dios se dirige hacia otros. Por eso es tan importante que entendamos la promesa de amor de Dios, su clase de amor. Por eso este tipo de amor puede transformar su matrimonio. Deben ser cuidadosos de no confundir el amor de Dios con lo que nuestra sociedad o el mundo llaman amor.

Esta promesa bíblica, "Dios no nos ha dado espíritu de cobardía, sino de poder, de… amor", iba dirigida a un joven predicador llamado Timoteo. Él se enfrentaba a gran oposición. Pablo, su maestro, escribió para animar a Timoteo a fin de que no se dejara intimidar ni llenar de temor. Debía recordar que Dios ya le había dado un recurso poderoso para combatir su temor: el amor.

Timoteo no es el único a quien Dios entregó esta poderosa promesa. Dios ha dado a *cada* creyente el recurso de su amor divino, y eso nos incluye. Su amor "ha sido derramado en nuestros corazones por el Espíritu Santo" (Ro. 5:5).

Esta promesa de su amor eterno, inagotable y constante debe ser una fuente de gran consuelo. Como pareja, ustedes han afrontado (y van a afrontar) dificultades, persecución, enfermedad y, en última instancia, muerte. Pero estas adversidades no deben llevarles a temer ni a echar a perder la calidad de su vida y de su matrimonio. ¿Por qué? Porque nada (ni siquiera estas aflicciones) "nos podrá separar del amor de Dios, que es en Cristo Jesús Señor nuestro" (Ro. 8:39). No teman, ¡el amor de Dios está cerca!

Padre, aunque venga la aflicción, que podamos descansar en la seguridad de tu amor constante. Puesto que tu amor nunca se agota, el nuestro puede permanecer sin importar lo que nos sobrevenga en la vida.

DÍA 17

No hay errores

Una vez conocimos a una mujer que hablaba de algunos problemas en su vida que se negaban a desaparecer. Mientras hablaba, su relato se remontó a su infancia, a la pobreza extrema y el atraso del hogar donde creció. En poco tiempo pude ver que esta querida mujer con problemas permitía que esas circunstancias del pasado, por difíciles que hayan sido, afectaran a su situación presente… y estaba culpando a Dios por las dos.

Y esto es algo usual. Siempre que vienen tiempos difíciles, podemos encontrarnos en la misma trampa de pensar que Dios cometió un error… que Él no estuvo presente cuando lo necesitábamos. Pensamientos como estos nos roban la esperanza.

Sin embargo, la Biblia dice que Dios es perfecto en sabiduría, en sus caminos y en su tiempo. Él es un Dios que está siempre con nosotros, y un Dios que nos ama. Cuando vivan tiempos de dificultad, deben volverse a estas verdades bíblicas acerca de Dios, y dejar que Él los consuele y les confirme su presencia. En sus pruebas y traumas deben creer la enseñanza bíblica de que Dios ha estado y estará siempre a su lado, que Él no comete errores, y que siempre tiene todo bajo control.

Por medio de su Palabra inspirada, Dios les recuerda que Él, el Diseñador divino, sabe lo que hace. Él revela que su historia, sea cual sea la experiencia que ustedes hayan vivido, no es un error sino de hecho una parte de su plan. ¿Y qué resultará de eso? Al recordar que Dios tiene el control, pueden encarar la vida con esperanza en

Él. ¡Y todavía hay buenas noticias! Con esta verdad en mente, no necesitan gastar su tiempo y energía tratando de reconciliar algunos de los aspectos más duros de la realidad (cáncer, accidentes de aviación, incesto, víctimas de conductores ebrios). En lugar de eso, por la fe, y por su gracia, reconozcan que...

> "Mis pensamientos no son vuestros pensamientos, ni vuestros caminos mis caminos, dijo Jehová. Como son más altos los cielos que la tierra, así son mis caminos más altos que vuestros caminos, y mis pensamientos más que vuestros pensamientos" (Is. 55:8-9).

Nunca ha habido un error, y nunca ha existido ni existirá un instante en el que Dios no esté presente con ustedes como pareja, para supervisar e involucrarse activamente en sus vidas. Reconocer que Dios ha planeado su camino como pareja puede ayudarles a librarse de la amargura y el resentimiento contra otros (¡o entre ustedes mismos!), y contra sucesos y circunstancias. ¡También les da esperanza! Se convierten en una pareja cristiana llena de esperanza cuando recuerdan, y maduran en conocer, que Dios es el autor de cada momento de su vida juntos.

Padre celestial, cada vez que nos sintamos tentados a dudar de tu amor y de tu fidelidad, ayúdanos a recordar que contigo no hay errores. Ayúdanos a descansar en tu cuidado perfecto.

DÍA 18

¡La guerra terminó!

Al cierre del Frente del Pacífico en la Segunda Guerra Mundial, cada soldado japonés se rindió… excepto cuatro: el teniente Hiroo Onoda y tres de sus hombres. Por alguna razón, el teniente Onoda y su grupo nunca recibieron el mensaje de sus superiores donde les ordenaban rendirse. Por tanto, ¡se resistieron y no creyeron que la guerra hubiera terminado!

Durante las siguientes tres décadas, Onoda y sus hombres trataron de evitar ser capturados por el "enemigo". En sus mentes, seguían en guerra. Sin embargo, lenta y decididamente, a medida que pasaban los años, uno a uno los hombres del teniente fueron dados de baja o se rindieron… excepto Onoda.

¿Pueden imaginar la conmoción que debió de sentir la familia de este soldado cuando se les informó que seguía con vida? Onoda se rindió finalmente el 9 de marzo de 1974, a la edad de 53 años, pero solo después de que su antiguo comandante se encontrase con él y le leyese personalmente la orden del cese de hostilidades. Para Onoda, la guerra por fin había terminado… ¡30 años después!

Ahora hablemos de ustedes dos, acerca de sus vidas, juntos y como individuos. ¿Ya han recibido el comunicado oficial? ¿Alguien ha venido a darles el mensaje?

"¿Cuál mensaje?" —dirán.

¡El mensaje de que la guerra terminó!

"¿Cuál guerra?" —se preguntarán.

La guerra entre Dios y los pecadores.

¡Qué gran mensaje! Dios ya no está en guerra con ustedes y con nosotros. Los "pecadores" podemos tener paz con Dios. Lo sentimos, pero aquí damos por sentado que ustedes también se consideran pecadores. Aun el gran apóstol Pablo se consideró un pecador. De hecho, él afirmó: "... los pecadores, de los cuales yo soy el primero" (1 Ti. 1:15).

Pero aunque todos somos pecadores, Dios nos ha reconciliado con Él por medio de su Hijo, el Señor Jesucristo (Ro. 5:1). La guerra *se acabó*. Y dado que estamos en *paz con Dios*, ahora podemos gozar de la poderosa promesa de Jesús, la de *la paz de Dios*:

> La paz os dejo, mi paz os doy (Jn. 14:27).

¡Paz! Un corazón en reposo. Serenidad. Esto es lo que el mundo busca, ¿no es así? Ahora bien, la clase de paz del *mundo* se define como ausencia de conflicto: *paz mundial*. Pero la paz de Dios es totalmente diferente. La *paz de Dios* es tranquilidad... en cualquier circunstancia, en todo momento.

Jesús les ofrece esta clase de paz, su paz. Él dice: "La paz os dejo, mi paz os doy". Sí, Jesús les ofrece su paz, la paz de Dios. Esa es la promesa del Señor. Pero ustedes pueden elegir no confiar en Dios. Pueden preferir seguir ansiosos y preocuparse. Es su elección. Y créannos, ¡su decisión tendrá consecuencias!

Señor, ayúdanos a elegir la paz en lugar de la preocupación. Siempre que nos sintamos inseguros acerca del futuro o de nuestros problemas actuales, que podamos sencillamente confiar en ti y no en nuestra débil "sabiduría" humana.

DÍA 19

Nunca separados

Yo fui hijo único (a diferencia de Elizabeth, que se crió con tres hermanos). Esto me dio algunas grandes ventajas. No tuve que compartir mis juguetes con hermanos o hermanas. Tampoco tuve que compartir el afecto de mis padres con otros hermanos. Yo era más bien el centro de atención. Sin embargo, había un problema todos los días. ¡No tenía con quién jugar! Por eso siempre trataba de encontrar amigos y compañeros de juego.

A muy pocas personas en este mundo les gusta estar solas. ¡Y eso es bíblico! Dios nos creó, hombre y mujer, como seres sociales. Dios sabía desde el principio de los tiempos que el hombre necesita compañía. Fue Dios quien observó y dijo: "No es bueno que el hombre esté solo; le haré ayuda idónea para él" (Gn. 2:18). Y *voilà*, ¡fue hecho! Dios creó a Eva, la llevó a Adán, y los dos se convirtieron en el primer matrimonio.

Tienen una pareja. Tal vez comparten incluso los amigos del uno y del otro, y amigos mutuos. Y como miembros de una iglesia, tienen otros miembros del cuerpo que los acompañan en los buenos y en los malos tiempos. Sin embargo, Dios prometió a su pueblo reiteradamente a lo largo de la Biblia que, sin importar si hay o no alguien a su lado, siempre le tendrían a Él, su presencia constante con ellos, en medio de cualquier circunstancia, y sin importar dónde se encontrasen o lo que afrontasen. La promesa de Dios de su presencia es también para ustedes. Jesús dijo:

> Y he aquí yo estoy con vosotros todos los días, hasta el fin del mundo (Mt. 28:20).

Esa es la promesa a la que como cristianos podemos echar mano, ya sea como individuos o como pareja. Dios estará con ustedes mientras vivan. Y todos sabemos que ninguno de nosotros puede hacer una promesa semejante a nuestro cónyuge. Uno de ustedes podría fallecer e irse, pero Dios siempre estará con nosotros... aun en momentos tan difíciles como ese y sus repercusiones. ¡Qué promesa tan poderosa y reconfortante!

(¡Ahora habla Elizabeth!...) La verdad de la presencia de Dios me trajo especial consuelo en dos ocasiones en las que estuve lejos de Jim. Una vez, un vuelo programado cambió de ruta debido a una tormenta, y no había manera de comunicarme con Jim para contarle lo que sucedía. Recuerdo que estaba sentada en ese avión y oré: "Dios, ninguna persona en este mundo sabe dónde estoy". Entonces recordé la presencia de Dios y añadí: "¡Pero tú sí lo sabes!". Su presencia me infundió seguridad cuando yo estaba "perdida en el espacio" y sola... ¡o eso fue lo que pensé equivocadamente al principio!

La segunda ocasión fue cuando tuve una cirugía de gravedad. Me conducían a la sala de preparación, y Jim me acompañó. Allí oró por mí y conmigo. Jim estuvo presente en todos los preparativos, hasta que al fin llegó el momento en que me llevaron a la sala de cirugía... donde él no podía acompañarme.

Lo único que podía hacer allí acostada e indefensa fue orar: "Señor, aunque ande en valle de sombra de muerte (¡no sé lo que el cirujano pueda encontrar!), y sí, aunque entre en lo desconocido (¡nunca había tenido una cirugía!), y sí, aunque me anestesien (¡y tal vez nunca me despierte para ver a Jim otra vez!), ¡tú estás conmigo!".

Y ¿saben una cosa? Él estuvo allí... ¡y está siempre! Cuando su pareja no puede acompañarles, Dios puede... ¡y está presente!

Señor, gracias por tu presencia constante en nuestras vidas. Contigo a nuestro lado, ¡tenemos todo lo que necesitamos!

DÍA 20

Riquezas en gloria

Muchos esposos, y esposas también, padecen de úlceras, hipertensión, problemas cardiacos, y otra serie de enfermedades debido a la carga que significa proveer económicamente para sus familias. Los rigores de las exigencias de sus trabajos, y el constante estado de preocupación y ansiedad, cobra un precio diariamente. La maldición de Dios sobre Adán se ha convertido sin duda en una dura realidad, ¿no es así? Como dijo Él a Adán: "Con el sudor de tu rostro comerás el pan hasta que vuelvas a la tierra, porque de ella fuiste tomado; pues polvo eres, y al polvo volverás" (Gn. 3:19).

¡Pero hay buenas noticias! Hay solo una clase de provisión de la cual ustedes como pareja nunca se tienen que preocupar, y es la provisión de Dios para ustedes. Y con estas buenas noticias viene la bendición de la provisión que Dios ha prometido también para su familia (siempre y cuando esto sea una realidad para ustedes).

Oculta en los escritos del apóstol Pablo hay una poderosa promesa que lo sustentó cada día de su vida. Y, querida pareja, ¡también puede sostenerlos a ustedes! Esta es la escena…

Pablo está en la cárcel (¡otra vez!) por su fe. En su corazón siente la gran carga de su preocupación por sus amigos en la lejana Filipos. Así que Pablo toma su "pluma" y escribe a sus hermanos en Cristo. En su carta agradece a estos hermanos sus donativos que habían enviado como ayuda económica para él (Fil. 4:18). Luego Pablo, escritor por excelencia, usa la provisión de los filipenses para sus necesidades como un ejemplo de cómo Dios suplirá las necesidades de ellos. Porque, como pueden ver, ellos no eran gente adinerada, y dieron a Pablo de "su profunda pobreza" (2 Co. 8:2). ¿Qué dijo Pablo para animar a estas personas necesitadas?

> Mi Dios, pues, suplirá todo lo que os falta conforme a sus riquezas en gloria en Cristo Jesús (Fil 4:19).

Pablo dio a estos cristianos pobres la promesa de la provisión de Dios. Y la esperanza que les comunicó se extiende a lo largo de los siglos hasta nosotros.

¿Qué suplirá Dios para ustedes dos? Fíjense en la promesa: "Mi Dios suplirá *todo lo que os falta*". No sus *deseos*, sino sus *necesidades*. En otras palabras, siempre pueden contar con que Dios suplirá todo lo que hace falta para sustentar su vida física.

Y ¿cuáles son sus necesidades? Jesús dijo que su Padre celestial sabe cuáles son: lo que necesitan *comer, beber y vestir* (Mt. 6:31-32). Muy básico, ¿no es así? Pueden confiar en que Dios suplirá "todo lo que les falte".

¡Es imposible para ustedes comprender las "riquezas en gloria" de Dios! ¡Son ilimitadas, incalculables, infinitas! Y del abundante tesoro de Dios saldría la provisión para las necesidades de los filipenses. Y, querida pareja, de las abundantes riquezas en gloria de Dios Él también suplirá sus necesidades.

Y he aquí la columna vertebral de esta magnífica promesa: Dios provee *conforme* a sus riquezas, no *de* sus riquezas. ¿Notan la diferencia? Si la provisión de Dios fuera únicamente *de sus riquezas*, habría una provisión limitada. Sus reservas tendrían que repartirse poco a poco. Pero no es así. Nuestro Dios grande e infinito cuida de nosotros *conforme a sus riquezas*, riquezas que son ilimitadas. Eso significa que su provisión para ustedes no tiene límite... igual que la promesa de Dios.

En ti, Señor, tenemos todo lo que necesitamos. ¡Gracias!

DÍA 21

El mayor propósito

Estoy seguro de que han oído relatos acerca de personas que han logrado sobreponerse a dificultades inconcebibles. Tal vez han oído acerca de aquellos que han soportado grandes privaciones y tratos inhumanos como prisioneros de guerra. Nosotros como familia tuvimos la tremenda experiencia de visitar Dachau, el infame campo de concentración de la Segunda Guerra Mundial, en Alemania. La historia de un hombre que sobrevivió a uno de estos campos es particularmente reveladora y al mismo tiempo esclarecedora y educativa.

Victor Frankl fue un psiquiatra austriaco que pasó años en un campo de concentración alemán. La vida en el campo era increíblemente dura y brutal. Los prisioneros eran obligados a caminar durante largas horas, con poco alimento, poca ropa, y sin cobijo adecuado del clima. A medida que transcurría el tiempo, Frankl observaba que algunos de los prisioneros se derrumbaban bajo la presión, se daban por vencidos y morían, mientras que otros seguían con vida bajo las mismas exigencias.

¿Qué determinaba el final de cada uno? Sirviéndose de su formación en psiquiatría, el doctor Frankl hablaba con otros prisioneros en las noches. Al cabo de unos meses observó que existía un patrón. Aquellos prisioneros que tenían algo por lo cual vivir, un objetivo que le daba significado o propósito a sus vidas, eran los que parecían capaces de poner a funcionar su fortaleza y sobrevivir.

Frankl siguió sus entrevistas con sus compañeros de campo, y descubrió que sus objetivos para vivir eran particulares y diferentes.

Cada superviviente tenía un interés y una pasión que le mantenía con vida. Y Frankl no era la excepción. Había comenzado un libro y tenía el firme deseo de sobrevivir y terminarlo. Después de la guerra, Victor Frankl completó aquello que le había motivado a permanecer vivo: ¡su libro!

La experiencia de Frankl es un ejemplo para ustedes, para nosotros y para todo el mundo, del poder del propósito. No hay nada más poderoso que una vida que se vive con pasión y propósito. Y quisiéramos agregar: ¡no hay nada más poderoso que un *matrimonio* que se mueve en función de un propósito definido! Los supervivientes en el campo de concentración de Frankl se enfocaron en un propósito de inspiración personal. En el caso de Frankl era su libro. Otro hombre tenía una novia con quien esperaba casarse al terminar la guerra.

Pero ¿qué pasaría si ustedes tuvieran un propósito cuyo motivo no fuera sus propios deseos? ¿Un propósito que viniera de una fuente superior, una fuente divina, de Dios mismo? ¿No sería grandioso ese propósito? Esto nos lleva a otra poderosa promesa de Dios:

> Antes que te formase en el vientre te conocí, y antes que nacieses te santifiqué, te di por profeta a las naciones (Jer. 1:5).

Dios prometió a Jeremías que él tenía un propósito. Dios había *designado* a Jeremías como profeta a las naciones. Obviamente, este no es el propósito de Dios para ustedes hoy. Pero tal como Dios lo prometió a Jeremías, Él les promete a ustedes un propósito. ¿Saben cuál es el propósito prometido por Dios? Espero que así sea. Seguramente pueden ver que tener un propósito en la vida, y en especial el propósito de Dios, tiene un gran significado.

La vida tiene poco o ningún sentido si no se comprende que todos los caminos conducen a Dios y a sus propósitos (Ro. 8:28). Sin Dios, la vida no tiene significado ni esperanza (Ef. 2:12). Para encontrar el significado de la vida, busquen su propósito.

Imaginen un matrimonio en el que cada cónyuge vive confiado, en el que la energía de ambos se invierte en un propósito grande y convincente, en el que cada miembro de la pareja anima y apoya al otro para llevar a cabo su propósito. ¡Esas son *dos* vidas, un matrimonio con poder y propósito! Como dijo Dios (y como hemos subrayado a lo largo de este libro), "dos son mejor que uno" (Ec. 4:9).

Padre celestial, tú tienes un propósito para cada uno de nosotros. Que podamos vivir completamente rendidos a ti para que puedas llevar a cabo tu propósito sin impedimentos.

DÍA 22

Descanso

Durante casi 30 años vivimos en el área de Los Ángeles. ¡Nos encantó! Y es indiscutible que Los Ángeles es una ciudad que nunca duerme. Sin importar a qué hora se salga, las calles, las vías y las autopistas están siempre repletas de autos y personas. Sin embargo, esta agitación y frenesí no son exclusivos de Los Ángeles. Paul, nuestro yerno de Nueva York, sale de casa antes del amanecer para tomar un tren en Manhattan y regresa en ese mismo tren cuando ya está oscuro. Salir y volver a casa cuando está oscuro es la realidad de muchas personas en casi cualquier ciudad del mundo.

Nos guste o no, lo decidamos o no, todos somos miembros, o lo seremos, del "club de los ocupados". A medida que el ritmo del mundo sigue creciendo con viajes más rápidos, acceso a la Internet, computadoras más rápidas (¡e incluso comida rápida!), los hombres, las mujeres e incluso los niños encuentran cada vez menos tiempo para descansar.

Todo esposo conoce las presiones que supone proveer para su esposa y la familia. Y en muchos casos las esposas también trabajan. Además de eso, tanto el esposo como la esposa deben dedicar tiempo a mantener una relación de amor y cuidado con su pareja y con los hijos. Para un cristiano, existe la responsabilidad adicional de servir en la iglesia. Cumplir todos estos deberes y obligaciones toma tiempo, tiempo que hay que añadir a una vida que ya está atiborrada.

¿Qué ayuda podemos recibir para manejar esta vida frenética, como pareja y como individuos? Esta poderosa promesa da la respuesta:

> Venid a mí todos los que estáis trabajados y cargados, y yo os haré descansar (Mt. 11:28).

Como pareja nos encanta este versículo, y pensamos que a ustedes también les alegrará conocerla. Nada más leerla nos hace exhalar (¡uf!) y disfrutar un poco de descanso. ¿Qué motivó a Jesús a hacer esta declaración consoladora?

Una respuesta rápida es que los líderes religiosos de la época de Jesús imponían tantas reglas sobre el pueblo que su "religión" los dejaba "trabajados y cargados". La gente estaba cansada de todas las reglas y reglamentos que eran imposibles de cumplir. En resumen, estaban agotados. Agradar a Dios parecía imposible.

¡Entonces llega Jesús! En esta poderosa promesa, Jesús invita a sus oyentes, y a cada uno de nosotros: "Venid a mí… y yo os haré descansar". Su llamado era *venir* y participar de la promesa de *descanso…* que solo Él puede *dar*. Como es obvio, el descanso es sumamente importante para Dios. Por tanto, debe ser importante para nosotros asegurarnos de dar descanso a nuestros cuerpos, refrigerio a nuestras almas y adoración a Dios. Recuerden que el descanso es parte del plan de Dios.

A diferencia de los líderes religiosos, Jesús ofreció a la humanidad el diseño original de Dios para el descanso a "todos los que estáis trabajados y cargados". Su descanso incluía comunión y armonía perfecta con Dios. Pero había una condición: el ofrecimiento de descanso de Dios solo podía ser una realidad si el pueblo atendía a la invitación de Jesús, "venid a mí".

Queridos amigos, el ofrecimiento de Jesús del don del descanso y el refrigerio se extiende a ustedes también. Dios promete descanso espiritual. Su descanso proporciona libertad de la culpa por el pecado, libertad del temor y la desesperanza, dirección constante y asistencia del Espíritu Santo, y al final descanso eterno.

No hay razón para que alguno de ustedes siga "trabajado y cargado", cuando escucha el llamado de Cristo a "venir a Él". En Cristo encontrarán descanso y refrigerio en una nueva relación con Dios. Recuerden que el descanso es un don de Dios.

Señor, muchas veces estamos cansados. Que podamos recordar tu ofrecimiento de descanso, verdadero descanso. ¡Qué maravilloso aliciente para nosotros es apartar tiempo a solas contigo!

DÍA 23

Tiempo

Es verdad que nuestros días están contados. De hecho, están en las manos de Dios. Él y solo Él conoce la longitud de nuestra vida sobre la tierra. En realidad, los minutos de un día son todo lo que tenemos. Como dicen los dos antiguos dichos, "el hoy es lo único que tenemos" y "no existe el mañana". Jesús enseñó estas verdades en su parábola del rico insensato que derribó sus graneros para construir unos más grandes. ¿Qué dijo Dios a este hombre? "Necio, esta noche vienen a pedirte tu alma" (Lc. 12:20).

La pareja que vive conforme a un propósito sabe abstenerse de hablar, pensar y actuar como si "hoy y mañana iremos a tal ciudad", o haremos esto o aquello. ¿Por qué? Porque esa pareja conoce el resto de la historia:

> No sabéis lo que será mañana. Porque ¿qué es nuestra vida? ciertamente es neblina que se aparece por poco tiempo, y luego se desvanece (Stg. 4:14).

El hoy es lo único que tienen. Queridos amigos, cada franja de 24 horas que Dios elige darles es para vivirla *en* Él, *con* Él, *para* Él, *por* su fuerza y con *sus* planes en mente. ¿Por qué? Porque hoy es el futuro. Hoy es todo lo que tienen para llevar a cabo los propósitos de Dios. No hay garantía de un mañana.

¡Pero hay buenas noticias! Lo mejor acerca del futuro es que viene solo día a día. Hoy es lo único que tienen... ¡pero lo tienen!

Eso significa que hoy es el único día con que cuentan para llevar a cabo los propósitos de Dios. La forma como administran el día de hoy añade calidad a la vida y al futuro mejor que están construyendo. Y esperamos que estén edificando su vida y su futuro con el propósito y con la gloria de Dios en mente.

Cada día, cuando los dos se despiertan, deben comprender cuán bendecidos son. Piensen nada más en el regalo de un día, ¡un día entero, completo, precioso e inestimable! Pero no es *su* día. Oh, no. ¡Es *el día de Dios*! Y ustedes son sus administradores. Cultiven el hábito de sentarse junto al calendario y orar juntos: "Señor, ¿cómo quieres que vivamos este día? ¿Qué quieres que hagamos en este día que nos has dado? ¿Cuál es la obra que quieres que llevemos a cabo hoy?".

Así es como los propósitos de Dios se llevan a cabo en el presente. Ningún día debe tomarse con ligereza. Ningún día debe malgastarse o desperdiciarse. Cada día vale. ¿Qué hace que cada día valga y contribuya a una vida mejor? Vivirlo para los propósitos de Dios.

Conocer su propósito es una fuerza motivadora poderosa. Cultiven el hábito diario de reafirmar los propósitos de Dios para cada uno de ustedes y planeen llevarlos a cabo… solo por hoy.

Cada día que estamos vivos viene de ti, Señor. ¡Que podamos hacer valer cada día para ti!

DÍA 24

Fortalecido

Un día que saltábamos de canales en la televisión descubrimos el Power Team. Habíamos oído acerca de estos sujetos musculosos antes, pero nunca habíamos visto el programa. Así que nos detuvimos un momento para entender mejor su ministerio.

En caso de que no hayan oído acerca del Power Team, son un grupo de exatletas y fisiculturistas que recorren el país y cuentan su testimonio acerca de lo que significa tener fe en Jesucristo. ¡Estos hombres son increíbles! Pueden romper inmensos bloques de cemento solo con sus manos, entre muchas otras hazañas de fuerza. Son un equipo de hombres cristianos que usan su fuerza física para entretener y hablar de su amor por Jesús.

Sin embargo, estos hombres no son los únicos que pueden estar en un "equipo poderoso", como se denominan. Si ustedes dos conocen y aman a Jesús, también pueden tener la certeza de la promesa de fortaleza y poder de Dios. Se preguntarán dónde pueden obtener fortaleza. He aquí la respuesta… y una promesa para el equipo que forman ustedes dos:

> Todo lo puedo en Cristo que me fortalece (Fil. 4:13).

Ahora, aclaremos rápidamente que cuando tú y tu amorcito se apropien de esta promesa de la fortaleza de Dios, ¡no podrán romper grandes ladrillos de cemento! Pero la fortaleza que viene de Dios les permitirá tener la victoria en todas las áreas de la vida cristiana… y de la vida *matrimonial* cristiana. Eso es mejor que romper bloques de cemento, ¿no les parece?

"Todo lo puedo en Cristo que me fortalece". Las palabras victoriosas de esta promesa vienen del apóstol Pablo, y cuando se refiere confiadamente a "todo", tiene que ver con tener todas las circunstancias bajo control. Entonces, sin importar que Pablo tuviera poco o mucho, o sufriera poco o mucho, él era capaz de manejarlo, fuera lo que "eso" fuera. Su actitud de "todo lo puedo" era la misma en toda circunstancia (ver Fil. 3:12).

¿Tienen algunos problemas o dificultades, carencias, "asuntos" y "cuestiones" por sortear en sus vidas y en su matrimonio? Entonces sigan leyendo lo que Pablo les dice acerca de cómo poder hacer "todo".

La promesa. La primera mitad de este conocido versículo declara una verdad: "Todo lo puedo". Esta es la clase de mensaje que se esperaría oír de un conferenciante motivador o un entrenador. Encierra la idea de autoconfianza y autosuficiencia. Dice: "¡*Tú* puedes hacerlo! *Tú* puedes hacer cualquier cosa que quieras hacer si te lo propones".

Afirmaciones como estas pueden ser ciertas en algunas áreas de la vida de una persona. Claro, con suficiente determinación y fuerza de voluntad se *puede* lograr mucho en la vida. Sin embargo, eso no es lo que este versículo dice, cuando consideras la fuente de dicho poder. Así que debes seguir leyendo y terminar el mensaje de Pablo. ¡Él revela que "todo lo puedes *en Cristo*" que te fortalece!

La fuente. Amigos, *Cristo* es la fuente de nuestra fortaleza. No se equivoquen. ¡Es *Cristo*! *Él* es la razón por la cual podemos hacer *todo* en el reino espiritual. ¿Cómo pudo Pablo tener esta clase de perspectiva optimista en los asuntos de la vida? Por medio de Cristo.

¿Con cuánta frecuencia han tratado de vivir algún aspecto de sus vidas en su propia fuerza y capacidad? Tenían las habilidades. Tenían el conocimiento. Tal vez incluso los dos tenían el dinero. Pero intentaron hacerlo solos, por sí mismos, sin tener en cuenta al Señor. Pues bien, ¿cómo resultó?

Podemos suponerlo con cierta precisión, ¡porque hemos pasado por ahí y hemos hecho lo mismo! Suponemos que tal vez fue un fracaso total. De modo que el mensaje es claro y sonoro: para llegar a ser una "pareja poderosa" deben dejar de confiar en su propia fortaleza y habilidad, y en lugar de eso confiar en Cristo y en su fortaleza.

Padre, que cada vez que nos encontremos confiando en nuestra propia fortaleza podamos de inmediato volvernos para depender de ti por completo. En ti todo lo podemos.

DÍA 25

Un poco de perspectiva

Leo Tolstoi es uno de los escritores más famosos a nivel mundial. Casi todo el mundo ha oído de su novela *Guerra y paz*, que fue publicada en 1886. Tolstoi nació en una familia aristocrática privilegiada, de modo que no tuvo que preocuparse por su supervivencia como la mayoría de los niños en Rusia en el siglo XIX.

No obstante, Tolstoi tuvo sus luchas personales cuando era niño y adolescente. Luchó con lo que la mayoría de jovencitos y jovencitas, y muchos adultos, luchan en nuestra época: su sentido de valía personal. Por cuenta de su pobre concepto de su apariencia física, Tolstoi en algún momento de su vida le rogó a Dios que obrara un milagro y le convirtiera en un hombre apuesto. (Eso suena parecido a la clase de peticiones que muchas personas harían en la actualidad, ¿no es así?).

Pasaron muchos años para que Tolstoi, ya adulto, se diera cuenta de que la apariencia externa no es lo que le da valor a una persona. En algunos de sus escritos, Tolstoi reveló su descubrimiento de que la belleza interior y la fuerza de carácter son lo que más agrada a Dios.

Tan pronto como la mente y el corazón de Tolstoi lograron reconocer lo que verdaderamente importa en la vida, sus escritos evidenciaron un nuevo sentido de pasión y propósito. Sus personajes adquirieron un carácter más osado y confiado, lo cual reflejaba la nueva confianza personal de Tolstoi.

Al igual que Tolstoi, muchos hombres y mujeres sufren hoy

día de lo que se ha catalogado como baja autoestima o imagen pobre de sí mismo. En sus mentes piensan que tienen algo mal: son demasiado altos... demasiado bajos... demasiado grandes... demasiado lo que sea. Algunos que no comprenden su valor terminan encerrados en un caparazón de tristeza y soledad. Otros tratan de compensarlo de alguna manera, como poniéndose una máscara de autosuficiencia, una fachada escandalosa y bulliciosa que busca ser el centro de atracción. Con razón tantas personas tienen problemas con el respeto propio cuando ponen toda su atención en sí mismos.

Pero ¿qué pasaría si observáramos desde otra perspectiva y habláramos acerca de lo que es valioso a los ojos de Dios? ¿O de su valor en Jesucristo? He aquí la respuesta de Dios al problema de autoestima tal como aparece en esta poderosa promesa de Jesús:

> ¿No se venden dos pajarillos por un cuarto? Con todo, ni uno de ellos cae a tierra sin vuestro Padre. Pues aun vuestros cabellos están todos contados. Así que, no temáis; más valéis vosotros que muchos pajarillos (Mt. 10:29-31).

Cuando Jesús declaró esta reconfortante promesa, aseguró a sus discípulos que sin importar lo que pasara en el futuro cuando predicaran el evangelio, ellos podían ser valientes y confiados. ¿Por qué? Por su valor ante el Padre y el cuidado que tiene Él de ellos.

Jesús lo explicó magistralmente: incluso cuando un solo pajarillo que parece insignificante cae a tierra, esto no sucede "sin vuestro Padre". Jesús arguyó que si Dios se interesa tanto por *un* pajarillo, ¿cuánto más piensan que se interesa por ustedes dos? ¿Cuál es la respuesta? ¡Más! ¡Mucho más! Jesús dijo: "más valéis vosotros que muchos pajarillos". ¡Nunca duden de lo valiosos e importantes que son para Dios!

Señor, ¡cuán grande es tu amor por nosotros! Y cuán maravilloso es saber que no tiene fin.

DÍA 26

Los que se preocupan

Por fin había aclarado el clima. ¡Había sido un invierno terrible! Tormenta tras tormenta habían vertido una cantidad récord de nieve en el amigable suburbio donde vivía Sue Higgins. Pero en este día el clima se había tornado cálido y soleado. Podrían pensar que el día radiante y alegre habría animado a Sue, pero no fue así. La nube negra de la preocupación que oscurecía la vida de Sue todavía seguía ahí.

Los últimos años habían sido una montaña rusa en las finanzas de la familia Higgins. Bill, el esposo de Sue, pertenecía a la gerencia media de una oficina principal en una importante fábrica de automóviles. Habían sentido algunas amenazas, pero Bill había logrado seguir en su puesto. Pero ayer la compañía había anunciado un recorte de 8.000 puestos de trabajo en la fábrica. Para empeorar las cosas, *todavía* estaban pagando la deuda de la tarjeta de crédito que aumentó en sus últimas vacaciones. La situación económica de Sue parecía desesperada.

¿Alguna vez han sentido el miedo aterrador que experimentó Sue cuando sufría y se preocupaba por sus finanzas? Su historia es muy parecida a la de muchos de nosotros. Seguramente ustedes también han tenido sus episodios de agónicas dificultades económicas. Incluso ahora puede que todavía se despierten en la noche con el estómago y la mente agitados, sintiéndose tentados a preocuparse y afanarse no solo por el presente sino por el futuro.

Desde que Adán y Eva fueron expulsados del huerto de Edén

(Gn. 3), la humanidad ha afrontado el problema de buscar y proveer comida, vestido y cobijo diariamente. La provisión es un área básica y práctica de la vida y la existencia. Y es un motivo común y diario de preocupación. Tener comida cuesta. Tener vestido cuesta. Y tener cobijo cuesta. Para la mayoría de las personas, el dinero proviene de un trabajo, ya sea en un lugar de negocios, en una granja o en el hogar.

Sin embargo, Jesús nos enseña claramente acerca de las preocupaciones por estas necesidades básicas de la vida. Él dijo a sus seguidores:

> No os afanéis por vuestra vida, qué habéis de comer o qué habéis de beber; ni por vuestro cuerpo, qué habéis de vestir (Mt. 6:25).

El mensaje de Jesús es claro como el agua. No puede malinterpretarse o pasarse por alto. Sus seguidores se preocupaban por lo básico de la vida cotidiana. Se afanaban por comida y vestido hasta el punto que perdían su enfoque en Dios, su devoción completa a Él y una vida conforme a las prioridades de su reino. Su servicio a Dios (que es eterno) se desviaba y estaba en riesgo por cuenta de su obsesión con las necesidades básicas diarias (que son pasajeras y terrenales).

Es un hecho que el temor y la preocupación pueden paralizar la obra que realizan para el reino. Los desvían de su adoración y su amor a Dios. Además, su servicio a Dios y a su pueblo se frena e interrumpe cuando se preocupan por ustedes mismos y dejan de confiar en Él. ¡Tomen hoy la decisión como pareja de entregar a Dios todas sus preocupaciones!

Padre celestial, tú nos dices que no debemos preocuparnos. ¡Que podamos entregarte todas nuestras inquietudes ahora mismo!

DÍA 27

Su tesoro

Cuando recién nos casamos, queríamos muchas de las cosas que todo el mundo desea. Queríamos tener buenos trabajos, un buen ingreso, un nuevo auto y un estilo de vida emocionante, por supuesto, con los fondos para financiarlo. A medida que pasaba el tiempo y lográbamos esas metas, empezamos a desear una enorme casa para poseer, decorar y llenar con muebles nuevos de marca. Al cabo de ocho años de matrimonio teníamos todo eso. Y puesto que Jim recibía muchos aumentos, ascensos y primas, teníamos un portafolio de acciones y una gran cuenta de ahorros. La vida sonreía.

Pero ¿qué pasó después? Ahí estábamos, llenando al tope nuestras vidas con cosas, pero seguíamos inquietos. Entonces viajamos. Acampamos. Tomamos clases nocturnas. Participamos en un club de navegación. Cultivamos pasatiempos como la fotografía, el ciclismo y la carpintería. Leíamos con juicio cada libro publicado que aparecía en la lista de éxitos de venta del *New York Times*. Jugamos ajedrez y pertenecimos a un club competitivo de bridge.

Pero aún así no podíamos sacudirnos el vacío que sentíamos. Por mucho que lo intentábamos, y por mucho dinero que ganábamos y gastábamos, y por muchas cosas que acumulamos y poseíamos, seguíamos buscando tener más. Pero nada duraba y nada nos satisfacía… y ni siquiera teníamos 30 años.

Bueno, alabado sea Dios por su intervención en nuestras vidas. Por su gracia entramos felices a una nueva vida donde nunca hay vacíos, una vida llena de Jesucristo y de metas centradas en la eternidad y en los valores eternos. En poco tiempo, Jim renunció a su trabajo para volver a estudiar y prepararse para el ministerio. Vendimos nuestra casa y gran parte de nuestro mobiliario para mudarnos a una casa mucho más pequeña y vieja con apenas lo básico. Más adelante nuestra situación económica se estabilizó, pero nuestra perspectiva respecto a nuestras posesiones cambió para siempre.

Debido a la naturaleza temporal de nuestras posesiones, Jesús nos dice exactamente hacia dónde debemos enfocarnos:

> Sino haceos tesoros en el cielo, donde ni la polilla ni el orín corrompen, y donde ladrones no minan ni hurtan. Porque donde esté vuestro tesoro, allí estará también vuestro corazón (Mt. 6:20-21).

¿Dónde está su enfoque? ¿Dónde está su "tesoro"? Dicho de otra manera, ¿qué ocupa sus pensamientos y su tiempo? La meta es asegurarse de que su lealtad, sus compromisos y prioridades, se encuentren en el lugar correcto, en las cosas que no se desvanecen, las que nadie puede robar, las que nadie puede gastar (¡ni pasan de moda!). En resumen, las cosas que perduran y son eternas.

Señor, que podamos ver nuestros tesoros con una mirada clara capaz de discernir entre lo pasajero y lo eterno. ¡Que podamos buscar aquellos tesoros que duran para siempre!

DÍA 28

Tomen el control

Al igual que ustedes, a veces nosotros necesitamos ayuda con la disciplina… ¡cada día de nuestra vida! Desde la primera decisión matutina de responder al sonido del despertador (¿lo atiendo o no? ¿lo apago o me levanto?) hasta la decisión final del día (¿leo un poco más, trabajo un poco más, veo televisión un poco más, o apago la luz y me voy a dormir para poder levantarme cuando suene el despertador?), todos necesitamos disciplina.

Nadie tiene que recordarles que la disciplina es crucial en cada área de la vida. Ustedes ya saben que la disciplina es importante por lo que produce en ustedes: crecimiento espiritual, logros personales y bienestar físico. En otras palabras, una vida mejor. Sin embargo, la disciplina también es importante por el resultado visible que produce en ustedes y que otros ven, lo cual a su vez puede producir un cambio en ellos. Ustedes pueden ser un ejemplo que motive a otros. Les guste o no, hay personas que les están observando. Su vida y su matrimonio tienen un efecto positivo o negativo en todos aquellos que conviven con ustedes, que les conocen o con quienes se encuentran.

Con todo, sin importar cuán disciplinados (¡o indisciplinados!) sean en este momento, siempre se puede mejorar. Siempre hay algún aspecto que juntos pueden afrontar y mejorar.

Siempre hay algo que aprender, probar, perfeccionar… un pequeño ajuste que hacer o un nuevo paso que dar.

El autocontrol y la autodisciplina son manifestaciones de la obra del Espíritu de Dios en nosotros (Gá. 5:22-23). Pablo también nos recuerda:

> Digo, pues: Andad en el Espíritu, y no satisfagáis los deseos de la carne (Gá. 5:16).

Si ustedes andan en el Espíritu, si buscan vivir conforme a su plan, manifestarán autocontrol. El significado literal de esta palabra es ser amo de uno mismo. Imaginen que se rodean con sus propios brazos a ustedes mismos, sujetándose con fuerza. Eso es autocontrol. Inténtenlo la próxima vez que tengan el deseo de excederse en algo. Y recuerden que el carácter no alcanza su plenitud a menos que se controle, se limite y se discipline.

Es útil recordar que el autocontrol se nutre del poder del Espíritu Santo en ustedes. A medida que cada uno de ustedes anda en el Espíritu, Él les da la capacidad de vencer las tentaciones de la carne (Gá. 5:16). No obstante, el pecado y la desobediencia contristan al Espíritu Santo de Dios y apagan al Espíritu y su poder para ayudarles en su lucha contra el pecado (Ef. 4:30 y 1 Ts. 5:19). De modo que si quieren experimentar autodisciplina, deben tener cuentas cortas con Dios. Sean prontos en confesar sus pecados, todos y cada uno. El resultado de este solo paso es una vida victoriosa de disciplina cristiana, una vida de poder y belleza, una vida mejor.

Señor, el deseo de nuestros corazones es ejercer una influencia positiva sobre otros. Ayúdanos a reconocer dónde necesitamos más disciplina... para que otros reciban bendición y tú seas glorificado.

DÍA 29

Una perspectiva diferente

Cuando recién nos casamos, Jim y yo vivíamos con el presupuesto de una pareja en luna de miel, lo cual significa que compramos la mayoría de nuestros muebles en el mercado de las pulgas de nuestro vecindario. Un día encontramos una fabulosa cama antigua de metal. Estaba anaranjada y negruzca por la oxidación del metal, desarmada y recostada contra el muro de un sucio aparador detrás de otros artículos más brillantes y atractivos. Pero el precio nos convenía.

Esa vieja cama se convirtió de inmediato en un tesoro familiar. Pero teníamos que limpiarla antes de poder usarla y sentirnos complacidos de tenerla. Así que llevamos nuestro hallazgo a casa, la armamos, y Jim se dispuso a intentar quitar la decoloración. Cuando me asomé a ver cómo iba, me asustó ver que no había tomado un paño suave para pulir la cama de metal. No. ¡Estaba usando una lana de acero y un limpiador cáustico! Y frotó, y frotó, y frotó. Y cuanto más fuerte frotaba, más brillaba el metal. ¡La cama revivió y quedó más espectacular de lo que habíamos imaginado!

Las pruebas de Dios en sus vidas producen un efecto similar en su fe. Las pruebas que Él permite son de provecho para ustedes. Sacan lo mejor de ustedes. Evidencian de qué están hechos y lo que han aprendido, o no, como cristianos. Ellas revelan cómo han crecido, o no. Estas pruebas son como Dios que "frota" vigorosamente en sus vidas. Así deben ver la obra de Dios en sus vidas como algo positivo, sin importar cuán dura o difícil pueda ser en el momento de vivirla. Eso es posible porque sus pruebas contribuyen a su estabilidad, a adquirir un carácter firme, seguro y verdadero, capaz de soportar todo lo que pueda sobrevenirles.

La fe es constante cuando las circunstancias son favorables. Pero cuando viene la adversidad, su fe en Dios se ejercita y crece. Como reza el dicho: "la adversidad es la universidad de Dios". Es su herramienta de aprendizaje. Y la fe que es probada resulta en un carácter probado. La prueba les enseña cómo usar su mente para pensar y ver la vida y sus dificultades a través de los ojos de Dios, de su perspectiva, la cual es casi siempre totalmente diferente a la nuestra. Él declara:

> Porque mis pensamientos no son vuestros pensamientos, ni vuestros caminos mis caminos (Is. 55:8).

A medida que como pareja ganen autocontrol y operen sus vidas y su matrimonio desde la roca de la fe, sus emociones indómitas estarán bajo control.

Sí, a veces no entenderán las razones de las pruebas y lo que pueden lograr. Las percibirán como negativas y dolorosas. Pero recuerden esa vieja cama de metal… y cómo brilló después de frotarla con mucha fuerza. Reciban con gusto las pruebas que Dios pone en su camino. ¡Así brillarán como trofeos de su gracia!

Señor, confiamos en ti como un Padre celestial que quiere lo mejor para sus hijos. Ayúdanos a recibir con buena disposición las pruebas que tú sabes nos ayudarán a crecer espiritualmente fuertes.

DÍA 30

El laberinto

Imaginen un laberinto en un jardín inglés. El propósito original de estos fascinantes rompecabezas que se hacían con setos de una altura promedio de dos metros, era ofrecer esparcimiento después de las comidas. Los comensales entraban en la red desconcertante y confusa de arbustos, y trataban de encontrar el camino al lugar placentero en el centro del laberinto donde por lo general había un árbol, plantas con flores y un banco donde podían sentarse y descansar, antes de tratar de encontrar la salida.

¡La vida es igual! Ustedes caminan por el laberinto de la vida, toman giros aleatoriamente y eligen una ruta. Luego llegan a conocer a Cristo como su Señor y Salvador. A partir de ahí, tienen un propósito: servir a Dios. Siguen atravesando el laberinto de la vida, pero ahora tienen una dirección. Dios les sostiene para que avancen orando y dedicando sus vidas para servirle, siendo más como Cristo, y comunicando el evangelio. A medida que ustedes crecen y progresan en su vida cristiana, llegan a las esquinas… momentos en los que Dios guía sus vidas hacia una nueva dirección o una nueva comprensión de su propósito para ustedes. Y ahí siguen, ¡fieles a la voluntad de Dios en el nuevo camino! Por desdicha, a veces se desvían de la voluntad de Dios, no entienden su dirección o encuentran callejones sin salida. Luego actúan por medio de la oración y buscan al Señor para pedir claridad o una nueva dirección… y prosiguen conforme a esa revelación.

Mientras están en el laberinto, nunca saben lo que van a

encontrar. ¡Ni siquiera saben con exactitud a dónde van! Pero sí saben que deben seguir adelante. Y a medida que avanzan conforme a la voluntad de Dios y a su dirección, Él cumple su propósito para ustedes. Dios no les pide que comprendan los giros y las vueltas, los porqué y los cómo de la vida. ¡Solo espera que confíen en que Él cumple su plan con ustedes conforme viven su propósito de servirle!

> Y sabemos que a los que aman a Dios, todas las cosas les ayudan a bien, esto es, a los que conforme a su propósito son llamados (Ro. 8:28).

Qué emocionante es saber que Dios tiene un propósito para ustedes y para su matrimonio. Este es otro motivo maravilloso por el cual pueden tener cada día gozo y esperanza en Él… sin importar lo que pase en esas 24 horas. Alábenle por su abundante gracia, su provisión constante y su cuidado infinito sobre su matrimonio.

Padre, estamos profundamente agradecidos por habernos juntado en esta maravillosa relación llamada matrimonio. Nuestra oración es que otros puedan ver tu sabiduría, tu amor y tu gracia en nosotros, al rendirnos por completo a lo que tú has dispuesto hacer en nuestras vidas.

Notas

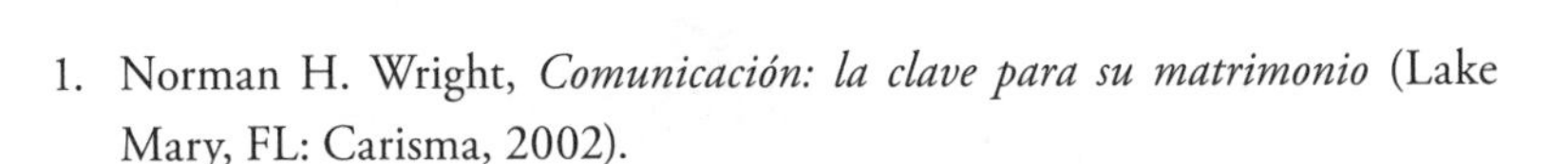

1. Norman H. Wright, *Comunicación: la clave para su matrimonio* (Lake Mary, FL: Carisma, 2002).
2. Michael Kendrick y Daryl Lucas, eds., *365 Life Lessons from Bible People —A Life Application Devotional* (Wheaton, IL: Tyndale House, 1996), Lección sobre la vida 1.
3. Estos cinco niveles de comunicación han sido adaptados de John Powell, *¿Por qué tengo miedo de decirte quién soy?* (México D.F.: Editorial Diana, 1998).
4. Romanos 4; Gálatas 3:6-29; Hebreos 11:8-12; Santiago 2:21-23.
5. Donald Cole, *Abraham, God's Man of Faith* (Chicago: Moody Press, 1977).
6. Ver Génesis 2:18; Efesios 5:22, 33; Tito 2:4.
7. Ver Génesis 28:10-22; 32:24-30; 35:9-15.
8. Richard L. Strauss, *Living in Love* (Wheaton, IL: Tyndale House, 1978), p. 46.
9. Versión de Williams, *The New Testament from 26 Translations,* Curtis Vaughn, ed. gen. (Grand Rapids, MI: Zondervan Publishing House, 1967), p. 901.
10. Herbert Lockyer, *The Women of the Bible* [*Todas las mujeres de la Biblia*] (Grand Rapids, MI: Zondervan, 1975), p. 185. Publicado en español por Vida.
11. Lockyer, p. 34.
12. Ronald F. Youngblood, "1, 2 Samuel", en *The Expositor's Bible Commentary*, vol. 3, ed. Frank E. Gaebelein (Grand Rapids, MI: Zondervan, 1992), p. 949.
13. Lockyer, p. 36.
14. Bruce B. Barton, et al, *Life Application Bible Commentary—Romans* (Wheaton, IL: Tyndale House, 1992), p. 289.

Elizabeth George explica el secreto de la felicidad conyugal, el diseño de Dios para que una esposa ame a su esposo, aunque tenga defectos. Este libro proporciona valiosas ideas en importantes aspectos del matrimonio. Entre otros explica qué significa ser la ayuda idónea del esposo, y qué es y qué no es la sumisión.

Cuanto más cerca de Dios esté un esposo, más cerca estará de su esposa. Jim George trata acerca de doce áreas de la vida del esposo, proporcionando aplicaciones prácticas para que un esposo sea conforme al corazón de Dios. El esposo descubrirá cómo ganar el corazón de su esposa y cómo desarollar un hogar feliz mediante el liderazgo cristiano.

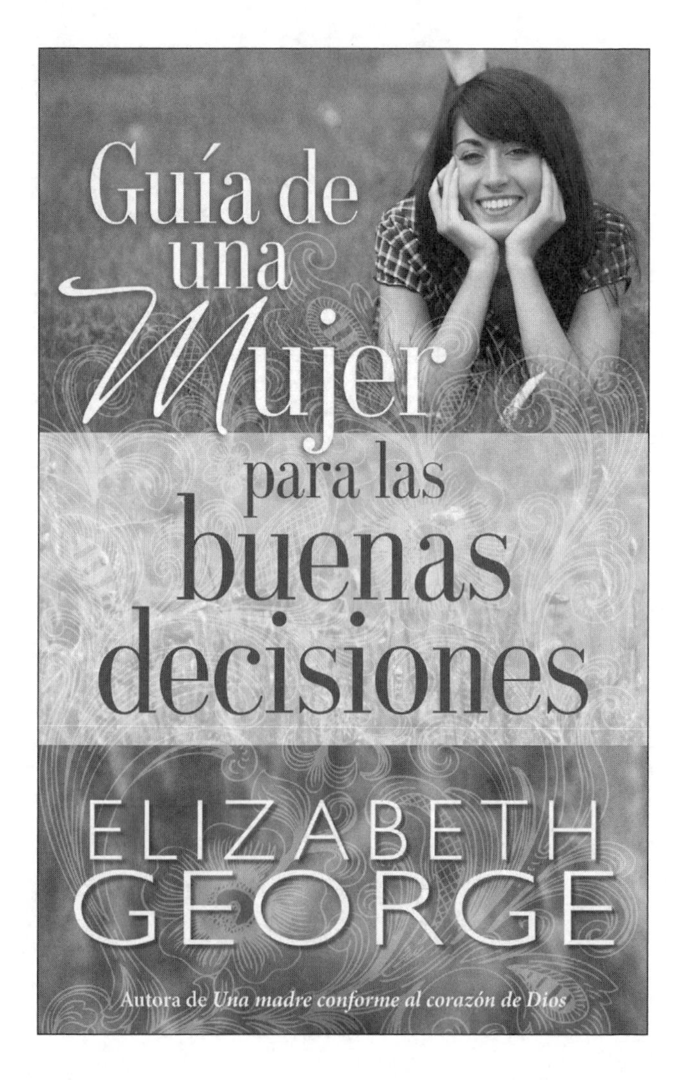

Cada 24 horas, las mujeres tienen que tomar cientos de decisiones. ¿Qué estrategias pueden utilizar para tomar las mejores decisiones en medio de los problemas y los retos cotidianos? ¿Cómo pueden aprovechar bien el tiempo y sentirse satisfechas con los resultados al final del día?

Después de hacerse estas mismas preguntas durante años, Elizabeth ha elaborado un proceso claro y práctico para tomar las mejores decisiones posibles.

Los autores de más venta, Jim y Elizabeth George, exploran veinticuatro promesas increíbles que provienen de Dios. En ciertas secciones del libro, escritas especialmente para "él" y "ella", los autores ofrecen aplicaciones muy prácticas y a la vez rápidas para poner la verdad de Dios a trabajar en un matrimonio.

NUESTRA VISIÓN

Maximizar el efecto de recursos cristianos de calidad que transforman vidas.

NUESTRA MISIÓN

Desarrollar y distribuir productos de calidad —con integridad y excelencia—, desde una perspectiva bíblica y confiable, que animen a las personas a conocer y servir a Jesucristo.

NUESTROS VALORES

Nuestros valores se encuentran fundamentados en la Biblia, fuente de toda verdad para hoy y para siempre. Nosotros ponemos en práctica estas verdades bíblicas como fundamento para las decisiones, normas y productos de nuestra compañía.

Valoramos la excelencia y la calidad
Valoramos la integridad y la confianza
Valoramos el mérito y la dignidad de los individuos y las relaciones
Valoramos el servicio
Valoramos la administración de los recursos